»Wenn Bruno im dritten Dialog des Aschermittwochsmahls die Begründung seiner Unendlichkeitsthese auf die prägnanteste Formel von der auf unendliche Weise unendlichen Wirkung der unendlichen Ursache bringen läßt, wird die Reaktion des Gesprächspartners als vollendeter Schock beschrieben: er war verdutzt und sprachlos, als sähe er plötzlich ein Gespenst vor sich.«

Im »Aschermittwochsmahl« polemisiert Bruno gegen die in Vorurteilen und Traditionalismen verstrickte ›Gelehrtenwelt‹, die ihn hindern will an seinem »Handstreich des Wissensdranges gegen seine mittelalterliche Einschließung und Begrenzung« (Blumenberg), und diskutiert seine Kopernikus weiterführende Theorie von der Existenz unzähliger Welten. Nachdem er als Anhänger der kopernikanischen Lehre von der stellaren Natur der Erde mit der Kirche in Konflikt geraten war, führte Bruno ein unstetes Wanderleben als Gelehrter. Nach Stationen in der Schweiz und in Frankreich lehrte er in England, dort entstand aus Protest gegen das Vorlesungsverbot in Oxford 1583 der kosmologische Dialog »La cena delle cenere«.

insel taschenbuch 548
Bruno
Das Aschermittwochsmahl

GIORDANO BRUNO
DAS ASCHER-
MITTWOCHSMAHL

ÜBERSETZT VON
FERDINAND FELLMANN
MIT EINER EINLEITUNG VON
HANS BLUMENBERG
INSEL VERLAG

insel taschenbuch 548
Erste Auflage 1981
© *Insel Verlag Frankfurt am Main 1969*
Alle Rechte vorbehalten
Vertrieb durch den Suhrkamp Taschenbuch Verlag
Umschlag nach Entwürfen von Willy Fleckhaus
Satz: LibroSatz, Kriftel
Druck: Nomos Verlagsgesellschaft, Baden-Baden
Printed in Germany

INHALT

Einleitung von Hans Blumenberg
9

Das Aschermittwochsmahl
63
Erster Dialog
79
Zweiter Dialog
107
Dritter Dialog
133
Vierter Dialog
169
Fünfter Dialog
193

Anmerkungen
224

EINLEITUNG: DAS UNIVERSUM EINES KETZERS

Kopernikus hat, aufs Ganze der Geschichte seiner Wirkung gesehen, am Ende weniger *über* als *durch* seine Gegner triumphiert. Auch ohne sie wäre er zweifellos als Größe erster Ordnung in die Geschichte der Naturwissenschaft eingegangen; aber für das Selbstbewußtsein des neuzeitlichen Menschen hätte er kaum mehr Bedeutung erlangt als etwa Boyle oder Lavoisier, denen die Chemie alles, eine von Chemie abhängige Welt nichts verdankt. Die Widersacher des Kopernikanismus haben all das als Vorwurf formuliert, was an der astronomischen Reform Potenz, Bewußtsein zu artikulieren, war und wovon Kopernikus selbst kaum etwas geahnt haben dürfte. Diesen elementaren Sachverhalt der Wirkung durch Gegenwirkung, der Artikulation am Widerspruch, reflektiert der Dialog *Das Aschermittwochsmahl* des Giordano Bruno bis zur satirischen Überspitzung.

Hier wird einer der gewichtigsten Einwände gegen Kopernikus beim Wort genommen: wenn die Erde sich in einer großen Bahn um die Sonne bewege, ohne daß wir dabei Verschiebungen am Sternenhimmel wahrnehmen können, dann müsse das Weltall unermeßlich groß und die von uns so überaus weit entfernten Sterne müßten gewaltige Leuchtkörper sein, wenn uns ihr Licht noch erreichen soll. Was als vernichtender Einwand gegen das heliozentrische Weltsystem gemeint war, wird bei Bruno als das mit diesem System eigentlich Beweisbare statuiert. Das unendliche Universum ist die adäquate Auslegung eines Weltbegriffs, der sich nicht mehr dem Existenzbeweis der Gottheit, sondern der Demonstration ihrer Selbstvermittlung dienstbar macht: *wir wissen sicher, daß dieser Raum als Wirkung und Erzeugnis einer unendlichen Ursache und eines unendlichen Prinzips auf unendliche Weise unendlich sein muß.* Die Verspottung der Antikopernikaner läßt sich von ihnen als Argumente der Ängstlichkeit zubringen, was sie in der Apotheose des Weltalls auszuspielen beabsichtigt.

Die Assimilation der astronomischen Schwierigkeit in den metaphysischen Entwurf fängt freilich auch den nüchternen Sachverhalt ab, daß vor Galilei und Newton die theoretischen Voraussetzungen für eine physikalische Interpretation der kopernikanischen Reform noch nicht gegeben waren. Wenn man sich vor Augen hält, daß erst eineinhalb Jahrhunderte nach Kopernikus die Erfordernisse erfüllt sein sollten, die sich aus der Behauptung der Erdbewegung im Raum ergaben, kann man sich in die Situation derjenigen versetzen, denen schon im 16. und 17. Jahrhundert zugemutet wurde, diesen Umsturz zu akzeptieren. Die astronomischen Fachleute im engsten Sinne, die Kalendermacher und Horoskopsteller, hatten das System des Kopernikus sehr schnell praktikabel gefunden; für ihre Ansprüche war Vereinfachung des Kalküls entscheidend, die Frage von Wahrheit und Weltumsturz gleichgültig. Sie gebrauchten die von Kopernikus abhängigen Berechnungstafeln des Erasmus Reinhold, deren Herausgeber nicht einmal erwähnte, auf welchen neuartigen Voraussetzungen die angebotenen Vorzüge beruhten. Aber die maßgebenden Astronomen der Zeit waren nicht nur Handwerker des Faches; sie verwalteten zugleich oder vor allem metaphysische und theologische Aussagensysteme über die

Wirklichkeit, deren Veränderung auch Konsequenzen für das Selbst- und Weltverständnis haben mußte. Sie wollten von Anfang an dem Handwerk seine Erleichterung zugestehen, aber die Änderung des Weltaufbaus nur in der Unverbindlichkeit der gedanklichen Konstruktion zulassen. Hier waren nicht nur Leichtfertigkeit und Trägheit von Obskuranten im Spiele. Kopernikus hatte die Kulisse durchbrochen, die für den Menschen vor den Ausblick in das Weltall gezogen war, aber er konnte nichts tun für eine Optik, die diesem neuen Ausblick und seiner Tiefendimension gewachsen gewesen wäre. Er hatte nur wenig und sehr Konventionelles darüber verlauten lassen, wie er sich eine Physik dachte, die die rasende Bewegung des menschlichen Standortes im Raume so zu erklären imstande gewesen wäre, daß der Schein der Unverrückbarkeit dieses Standortes als Schein hätte erklärt werden können. Die elementaren Illusionen lassen sich nicht nachhaltig zerstören, ohne daß die Hartnäckigkeit ihrer Herrschaft nachträglich begründet wird. Erst Galilei – und dieser spät und nach bitterer Erfahrung – hat die Einsicht ernst genommen, daß nur eine neue Physik die neue Astronomie durchsetzen konnte.

Giordano Brunos *Aschermittwochsmahl* präsentiert das ganze Instrumentarium der Behelfe, die den Ertrag des Kopernikanismus im Handstreich zu nehmen und die Arbeit eines weiteren Jahrhunderts zu ersparen versprachen. Wo das Prinzip der Trägheit und das Gesetz der Schwerkraft noch fehlten, überdeckten metaphorische Vorstellungen vom organischen Zusammenhalt der Weltkörper den Mangel der Erklärungsleistung. Wer den Dialog mit dem Interesse an der Wissenschaftsgeschichte liest, wird sich vor Augen halten müssen, daß der Vorgriff auf ein neues Konzept der Welt mit Übermut die Ungewißheit überspielt, denen er noch nicht gewachsen ist.

I

Der Pluralismus in der gegen Kopernikus errichteten Front bietet Gelegenheit zur Morphologie einer geistigen Reaktion. Bis hin zu dem gewagten Rat, die Augen zu verschließen und nicht durch das neue Fernrohr zu sehen oder zumindest dem darin Gesehenen nicht zu trauen, wurden alle Beschwörungen gegen die Verunsicherung des Weltbewußtseins aufgeboten, die im Umriß allererst erahnbar werden ließen, wofür sich zu erregen und wogegen zu kämpfen hier mehr als fachtheoretisches Interesse haben konnte. Am greifbarsten wird das an der Frage der Ausdehnung des Weltalls. Kopernikus selbst mußte die immense Entfernung zwischen Planetensystem und Fixsternhimmel zugestehen. Damit begann die Wohnstube des Universums, die seit Aristoteles und seit der geozentrischen Begeisterung der Stoiker der Menschheit enge Gemütlichkeit, wenn auch nicht heimische Genügsamkeit geboten hatte, ins Unermeßliche zu expandieren – auch wenn man sich, was im 16. Jahrhundert ein *immensum* genannt wurde, nicht unter der Maßstäblichkeit der mit Zehnerpotenzen verbundenen Lichtjahre der modernen Astronomie denken darf. Das Unermeßliche des einen Jahrhunderts ist nicht gleich dem eines anderen. Der identische Ausdruck täuscht Kommensurabilitäten vor, die nicht bestehen.

Man muß sich vor Augen halten, von welcher Größenordnung Kopernikus eigentlich ausgegangen war, als er das Zugeständnis der Unermeßlichkeit machte. Mit einem von Hipparch im zweiten vorchristlichen Jahrhundert gefundenen Verfahren, den Verjüngungswinkel des Erdschattens bei Mondfinsternissen an der Durchgangszeit des Mondes durch den Erdschatten abzuschätzen, hatte Ptolemäus im zweiten nachchristlichen Jahrhundert die mittlere Entfernung zwischen der Erde und der Sonne auf 1210 Erdhalbmesser berechnet. Für Kopernikus, der die Erde um die Sonne kreisen lassen wollte, hing von dieser Entfernung als dem Halbmesser der Erdbahn die Behebbarkeit des Einwandes der ausbleibenden perspektivischen Verschiebung ab. Kopernikus selbst hatte diesen Wert mit 1179 Erdhalbmessern angegeben und damit nur geringfügig korrigiert, wie auch Tycho Brahe und Galilei es noch taten. Die ungeheure Differenz zu dem tatsächlichen Wert – etwa das Zwanzigfache – blieb zur Zeit des Giordano Bruno unerahnbar und hätte ihn, bei aller Freudigkeit des Umganges mit Unendlichkeiten, einem Abgrund des Unmaßes für die Entfernung zu den nächsten Gestirnen konfrontiert, das erst die Entdeckung der endlichen Lichtgeschwindigkeit als des neuen Maßes für Entfernungen im Weltall mit zunächst kleinen Faktoren zu verwinden helfen sollte. Von dem Unermeßlichen, ja vom Unendlichen ist zumeist in einer gleichsam voreiligen Weise gesprochen worden, und spätere Forschung hat das Übergroße dann quantifizierend als bestimmte Größe eingeholt. Man braucht nur an die vermeintlich ›unendliche‹ Lichtgeschwindigkeit zu denken, um dafür ein prägnantes Beispiel zu haben.

Solange von Kopernikus selbst und nach ihm das Weltall als von einer Kugel umschlossen vorgestellt wurde, konnte jedenfalls der Entfernung zwischen der Erde und jener Fixsternsphäre, als annähernd dem Radius des Ganzen, nur eine endliche Größe zugeschrieben werden. So ist es noch zu verstehen, wenn Kepler in einem Brief an Herwart vom 28. März 1605 der kopernikanischen Konsequenz ihre kürzeste Formel gibt: *Wenn die Sonne stillsteht und die Erde sich bewegt, so muß die Fixsternsphäre geradezu unendlich groß sein.* Hier läßt sich deutlich sehen, daß ›unendlich‹ eben nicht unendlich heißt. Wenn noch Kepler an der Vorstellung einer soliden äußersten Schale des Kosmos festhielt, so vor allem deshalb, weil nur dadurch das Bezugssystem für die Begriffe Ruhe und Bewegung erhalten blieb, deren reale Geltung in den kopernikanischen Aussagen über die Weltmitte und das sie umgebende Planetensystem vorausgesetzt war. Bedenkt man, welche Relevanz der Gegensatz von Ruhe und Bewegung für die seit der Antike herrschende Naturphilosophie und Metaphysik besaß, wird man das Maß der Bedrohung wahrnehmen, das im Übergang von der kopernikanischen ›Unermeßlichkeit‹ zur ›Unendlichkeit‹ Brunos lag. Der unendliche Raum des Nolaners ist kein festes Bezugssystem mehr, in dem sich Ruhe und Bewegung als absolute Realitäten bestimmen lassen. Ihm kam im Grunde alles auf diese Unendlichkeit und ihre Wahrheit und wenig auf die kopernikanische Konstruktion des Sonnensystems an, die ihm nur als Argumentationsbasis dienlich sein konnte. Die Metaphysik der absoluten Welt, die ihm vorschwebte, ersetzte ihm leicht den Verlust der realen Differenz von Ruhe und Bewegung.

Bruno verstand sich auf die Flucht nach vorn: was die Zeitgenossen mit Unbehagen oder Ängstigung erfüllte, die Weitung des kosmischen Gehäuses ins unvorstellbar Große, trieb er noch einen Schritt voran in die pure Negation der Begreiflichkeit. Die Auflösung der äußersten Sphäre der Fixsterne, die Annahme der freien Verteilung dieser leuchtenden Körper im Raum, war die Voraussetzung der Unendlichkeitsthese. Bruno hat diese zwar naheliegende, aber nicht notwendige Folgerung aus der kopernikanischen Reform nicht selbst gezogen. Sie war zuerst in England von Thomas Digges ausgesprochen worden; und es ist nicht zufällig, daß Giordano Bruno seine kopernikanische Begeisterung zuerst während seines englischen Aufenthalts formuliert, wenn man auch annehmen darf, daß er von der kopernikanischen Theorie bereits während seiner Klosterzeit in Neapel Kenntnis bekommen hatte. 1576, also im Jahr der Flucht Brunos aus dem Kloster, hatte Digges die noch von Kopernikus unbezweifelte Kugelschale des Fixsternhimmels zerschlagen und eine Verteilung der Sterne im freien Raum ohne Bindung an einen festen Träger angenommen; das Himmelsgewölbe war zur Illusion geworden.

Wahrscheinlich wollte Digges einen Widerspruch beseitigen, der in der Argumentation des Kopernikus stehengeblieben war. Kopernikus hatte die Möglichkeit der Bewegung des Erdkörpers um seine Achse, die *mobilitas terrae*, nach antiker Vorstellung damit begründet, daß diese Bewegung der Kugelgestalt angemessen und ›natürlich‹ sei. Die Argumentation mit der Natürlichkeit der Bewegung war der aristotelischen Scholastik vertraut, aber sie galt vor allem für die Himmelskörper und nicht für die Erde. Kopernikus selbst hätte leicht erkennen können, daß er sich hier in eine Antinomie hineinmanövrierte; denn indem er für die Bewegung der Erde ein Argument herbeischaffte, verbaute er sich den Weg, die notwendig entsprechende Behauptung über den Stillstand des Fixsternhimmels einzuführen, der doch seinerseits eine Kugel war und dem daher die dieser Gestalt zukommende ›natürliche‹ Bewegung nicht abgesprochen werden konnte. Entweder war das Argument zugunsten der Tagesrotation der Erde unbrauchbar oder der Fixsternhimmel mußte seine Eigenbewegung behalten. Für dieses Dilemma fand Thomas Digges den adäquaten Ausweg, nämlich die letzte Sphäre als erste der Sphären aufzulösen und die gleichmäßige Entfernung der Fixsterne vom Beobachterstandpunkt auf der Erde als Schein zu erklären. Was für Digges Behebung einer Verlegenheit im kopernikanischen System war, wurde für Bruno der Grund einer neuen Begeisterung.

Es sind die Beschwörungen des Unmöglichen, des Unerträglichen und Unzulässigen, die von den Gegnern des Kopernikanismus ausgesprochen worden waren, aber auch die ängstlichen Schlichtungen seiner Schwierigkeiten und die Nivellierungen seines Wahrheitsanspruches, die von seinen halbherzigen Nutznießern vorgenommen worden waren, die Giordano Bruno in Formeln der Weltbestätigung, Weltsteigerung und der Welterfüllung des Menschen transformieren oder transzendieren sollte. Er hat die astronomischen Behauptungen und ihre Begründung nur unzureichend verstanden, das Zulassungserfordernis der mathematischen Erudition im Leitspruch der *Revolutiones* niemals erfüllt, aber er hat die Relevanz einer kopernikanischen ›Metaphysik‹ in der Sprache einer auf die traditionelle Metaphysik nicht mehr festgelegten und angewiesenen Welt an den Tag gebracht. Man kann sogar noch einen Schritt weitergehen und sagen, es seien die Versäumnisse der Gegner des Kopernikanismus gewesen, ihrerseits die Gefährdung der Tradition zum Triumph der eigenen Sache zu wenden, die Giordano Bruno sich zunutze gemacht hat. Denn erstaunlich bleibt, wie einige aus der heterogenen Front dieser Gegnerschaft gegen ihre tieferen Interessen mit leichtfertiger Beiläufigkeit Stellung bezogen.

Luther und Melanchthon etwa gehörten zu den frühesten Gegnern des astronomischen Reformers. Und nicht zuletzt ihnen ist zuzuschreiben, daß in Deutschland der Kopernikanismus erst um 1760 als unangefochten gelten konnte. Daß die Reformatoren die kopernikanische Wende nicht zu ihrem Zeichen gemacht hatten, daß sie im Festhalten an der tradierten Kosmologie für das von ihnen so erbittert befehdete Bündnis von Christentum und Aristotelismus die stärkste Stütze stehen ließen, ist kaum verständlich. Es blieb ihnen verborgen, daß Kopernikus die sinnfälligste Demonstration gegen den mittelalterlichen Anspruch auf Kongruenz des Sichtbaren und des Unsichtbaren, der Naturordnung und der Heilsordnung angeboten hatte. Die Reformation legte zwischen Welterkenntnis und Selbstverständnis des Menschen einen Hiatus; Kopernikus beraubte den Menschen des im Anblick der Natur manifesten Haltes an einer im Grunde immer noch heidnischen Geborgenheit in der Mitte des geschlossenen Kosmos endgültig. Das Selbstbewußtsein des neuzeitlichen Menschen beruht auf der Negation der Möglichkeit, er könne an der Natur als Schöpfung ablesen, ob überhaupt eine und welche Rolle ihm in der Realität ›zugedacht‹ sei. Indem sich die Reformation gegen Kopernikus stellte, versagte sie sich ein Bündnis mit dieser Negation und machte zu ihrem Teil den Konflikt zwischen Theologie und Wissenschaft, zwischen dem traditionellen Naturbegriff und der nun sich erzwingenden Immanenzstruktur des Wirklichkeitszusammenhanges zum Kennzeichen der Neuzeit.

Giordano Bruno hat, wenn man so sagen darf, den Preis für dieses historische Versäumnis denen, die es leichtfertig und in der Beiläufigkeit des Tischgespräches begingen, in Form eines Tischgespräches präsentiert. Aber bezeichnend ist das Scheitern seines Versuches, nach den beiden Jahren in England und nach dem Fehlschlag der Pariser Disputation von 1586 in Wittenberg und Helmstedt Fuß zu fassen; es war zwei Jahrhunderte zu früh, in den Zusammenhang der deutschen Philosophie einzutreten. Am 8. März 1588 verabschiedete Bruno sich von Wittenberg mit einer bewegenden Rede, die zweierlei begreiflich macht: einmal, weshalb er auch diesen Zufluchtsort bei aller zugestandenen Toleranz resigniert und unverstanden verließ, und dann, weshalb damit seine Wirkung auf die Nachfahren der Reformation noch nicht beendet sein konnte. Nirgendwo anders ist der vergessene Giordano Bruno so überwältigend aus der Obskurität wieder hervorgetreten wie in dem Land seiner vergeblichen Werbung.

II

In der Wittenberger Abschiedsrede hatte Bruno gesagt: *Ich kam zu euch, als Fremder, als Ausgestoßener und*

Flüchtling, als Spielball des Schicksals, von unansehnlicher Gestalt, dürftig, ohne Gunst, betroffen vom Haß der Menge und daher den Törichten und Gemeinen verächtlich. Wie kehrt er zurück? Es ist ein Sachverhalt von bedeutender Prägung, daß das Werk des auf dem Scheiterhaufen verbrannten Ketzers in Deutschland bei Gelegenheit einer anderen, freilich zur Verwendung des Scheiterhaufens zu spät entdeckten Ketzerei wieder hervortritt. Herder konnte es ›lustig‹ finden, daß Goethe *bey dieser Gelegenheit mit Lessing auf Einen Scheiterhaufen zu sitzen komme*, wie Goethe selbst an Jacobi am 11. September 1785 berichtet. Jacobi hatte Goethe in seine posthume Aufdeckung des Spinozismus Lessings hineingezogen, indem er dessen vertrauliches Bekenntnis auf die Wirkung der Prometheus-Ode Goethes zurückführte, die er mit seinem Spinoza-Buch zum erstenmal veröffentlichte.

Die Nähe zum Scheiterhaufen war nur noch metaphorische Belustigung; dennoch konnte Goethe im Rückblick von *Dichtung und Wahrheit* über dieses Ereignis schreiben, sein *Prometheus* habe dabei zum *Zündkraut einer Explosion* gedient, *welche die geheimsten Verhältnisse würdiger Männer aufdeckte und zur Sprache brachte: Verhältnisse, die ihnen selbst unbewußt, in einer sonst höchst aufgeklärten Gesellschaft schlummerten.* Was Goethe eine ›Explosion‹ nennt und was die Historiker den ›Pantheismusstreit‹ nennen sollten, rührt eine Grundschicht bis dahin nicht zugelassener Gedanken auf, in die auch Giordano Brunos Werk abgesunken war. Ob Jacobi, der Heine als ein ›zänkischer Schleicher‹ erscheinen sollte, die Eröffnungen Lessings in jenen Morgenstunden des 6. Juli 1870 als ›Spinozismus‹ richtig verstanden oder mißdeutet hat, kann hier auf sich beruhen bleiben;

man wird damit rechnen müssen, daß er geneigt war, Lessings Anknüpfung an den *Promethus* mit dem härtesten dogmatischen Etikett zu versehen, das ihm Verwerflichkeit zu sichern schien. Immerhin, wenn dies ein Mißverständnis gewesen sein sollte, so war es ein folgenreiches, nachwirkendes, denn es veranlaßte Jacobi bei der Suche nach den Quellen und den Ahnen dieses entlarvten Unglaubens, den Dialog *Von der Ursache, dem Anfang und dem Einen* des Giordano Bruno zum erstenmal in einer Auswahl zu übersetzen und der 1789 notwendigen zweiten Auflage seines umstrittenen Buches beizufügen.

Es ist erstaunlich, wie wenig zu einer großen Wirkungsgeschichte an realer Tradition und Rezeption gehört. Die größten Wirkungen beruhen oft auf den kleinsten Quantitäten an Information – ich erinnere an Sokrates. Die verhältnismäßig wenigen Seiten des Auszuges, den Jacobi vorgelegt hatte, wurden zu einem der einflußreichsten Texte der spekulativen Philosophie. Goethe ist dieser so indirekten Folge seiner Provokation durch den *Prometheus* nicht recht froh geworden. Er schwankt zwischen Ablehnung und Erstaunen. 1812 notiert er: *Jordanus Brunus. Nähere Einsicht der völligen Unbrauchbarkeit, ja Schädlichkeit für unsere Tage.* Aber 1829 greift er nochmals nach den Werken Brunos, *zu meiner Verwunderung wie immer, zum erstenmal bedenkend, daß er ein Zeitgenosse Bacos von Verulam gewesen.* Faszination ist spürbar, aber sie erfüllt sich nicht. Sie mag begonnen haben, als der junge Goethe 1770 aus einem französischen Buch eine Stelle exzerpiert hatte, in der dem nachhaltigen Verdikt Pierre Bayles über *cet homme paradoxe* entschieden widersprochen worden war.

Die beiden späten Notizen Goethes bezeichnen ziemlich genau das Resultat der Bruno-Rezeption nach Jacobis Spinoza-Buch. Trotz Schellings *Bruno* von 1802 – oder gerade wegen der dort angezeigten Richtung auf spekulative Physik – konnte es eine Aktualisierung der Entwürfe Brunos nicht geben. Zugleich aber wurde klar, daß sich die Voraussetzungen der Neuzeit und ihres Selbstverständnisses gegenüber der Fixierung auf die Konfiguration Bacon und Descartes besser erhellen ließen, wenn man von Brunos Werk Kenntnis nahm. Ludwig Feuerbach hat 1836 mit dem Rückblick auf den deutschen Idealismus geschrieben, daß entgegen der geläufigen Geschichtsauffassung die neuere Philosophie weder mit Bacon noch mit Descartes begonnen habe: *In Wahrheit, das erhabene Prinzip ›die Vereinigung der Gegensätze‹, das Bruno mit solcher Begeisterung aussprach, ist das Prinzip der neueren Zeit und Philosophie. Dieses ist das Prinzip des Lebens selber, und nur durch dieses unterscheidet sich die neuere Philosophie von dem stagnierenden Scholastizismus des Mittelalters, der das trockene Gesetz der formalen Identität zu seinem Maße und Prinzipe hatte.* Freilich verkannte Feuerbach hier die Ursprünglichkeit des Prinzips der *coincidentia oppositorum*, dessen Urheber in Wahrheit mehr als ein Jahrhundert vor dem Nolaner Nikolaus von Cues gewesen war. Die Entdeckung der Renaissancephilosophie und ihrer Priorität vor den Gründerfiguren von Rationalismus und Empirismus ist von Feuerbach unter der Voraussetzung gesehen worden, daß schon für die Denker des 16. Jahrhunderts der Zweifel das bestimmende Moment gewesen sei, *wenn er gleich bei ihnen noch nicht mit der selbstbewußten Kraft eines kategorischen Imperativs auftritt.* Diesen Versuch, für die Protagonisten der

Neuzeit im Zweifel doch noch einen gemeinsamen Nenner zu finden, wird man als problematisch bezeichnen müssen.

Ein Jahrhundert vor Feuerbach war das deutsche Bruno-Bild geprägt worden durch die einflußreichste frühe Geschichte der Philosophie, Jakob Bruckers *Kurtze Fragen aus der Philosophischen Historie*, die in Ulm 1731-1736 erschien und von der eine erweiterte lateinische *Historia Critica* 1742-1744 herauskam. Ohne den Einfluß Pierre Bayles wäre dieses Werk nicht denkbar; seine Methode der historischen Kritik, dieses eigentümliche Amalgam von Skepsis und Vertrauen, läßt die historische Wahrheit als den reinen Restbestand erscheinen, der nach der Beseitigung aller nachweisbaren Irrtümer und Widersprüche in unseren Quellen schließlich zurückbleibt. Daß Bayle einen Artikel über Bruno in seinen *Dictionnaire* aufgenommen hatte, brachte den Nolaner zwar wieder über den Horizont des Bildungsbesitzes, aber zugleich auch auf das Niveau der Zweifelhaftigkeiten, Kuriositäten und Anekdoten, die in diesem Werk angehäuft waren. Am weitesten geht Bayle mit dem Zweifel an dem Scheiterhaufentod des Nolaners, für den er nur das Augenzeugnis des deutschen Pedanten Caspar Schoppe kennt: *Il n'y a pas loin de l'incertitude à la fausseté dans des faits de cette nature*. Vor allem aber ist der Schriftenkatalog des Nolaners voller Unstimmigkeiten, und es bedeutet etwas für den antiquarischen Stolz Bayles, daß er wenigstens von einigen Werken dieses *fahrenden Ritters in Sachen der Philosophie* sagen kann, er habe sie selbst gesehen. Schließlich wiegt es schwer für das heimliche Ansehen des Nolaners, daß Bayle am Schluß seines

Artikels die Behauptung anführen kann, Descartes habe von ihm einige seiner Ideen entnommen. Damit beginnt das Urteil über den Nolaner sich von der ausschließlichen Frage nach seiner Qualität als Ketzer zu entfernen.

Auch für Brucker besteht die Schwierigkeit fort, daß die Schriften Brunos so gut wie unauffindbar waren, *ohne welche man doch nichts Ausführliches von ihm sagen kann.* Eine gewisse Schwäche für Kuriositäten, die Brucker seinen Zeitgenossen zuschreibt, läßt ihn denn auch vermuten, es sei die *außerordentliche Seltenheit* einer bestimmten Schrift von hochgradiger Anrüchigkeit, des *Spaccio della bestia triomfante,* die bewirkt habe, daß *man curieux worden, auch andere Schrifften Bruni aufzusuchen und seines Lebens und Lehre Umstände genauer zu untersuchen.* Dem Denker von *fast unüberwindlicher Dunkelheit* bleibt das für alles Mittelalterliche geltende Prädikat, er sei *finsterer als Thomas, Scotus, Occam und alle Scholastici* gewesen, die unverarbeiteten Gedanken der Vorgänger hätten ihn überwältigt, poetischer Furor habe ihn mitgerissen, und schließlich sei er vielleicht von der Absicht nicht frei gewesen, seine Mitwelt durch Unzugänglichkeit zu verblüffen – im ganzen also *ein wahrhaffter Scotiste und finsterer Philosophus.* Alles kann und soll wohl nur sagen, dieser Mann habe zum Zeitalter des vernünftigen Denkens nicht nur nichts beigetragen, sondern dessen Heraufkunft geradezu behindert. *Er war ein Mann von sehr feuriger und erhitzter Einbildungs-Krafft, der sehr viele wunderliche und besondere, fremd- und seltsam-lautende Einfälle hatte . . . Dabey aber fehlete es ihm an einem gesunden Urteil, und ob er wohl auf allerley Wahrheiten kam, zumahl in der Natur-Lehre und den Mathematischen Wissenschaff-*

ten . . . So warens doch nur ungefehr gefundene Körner, welche unter einem gräulischen Wust verstiegener, übel aneinander hangender, und manches mal nichts heissender Gedancken und Worte verborgen liegen. Achtet man nun mehr auf die sachliche Charakteristik, die der frühe Historiker der Philosophie dem Denken Brunos widmet, so ist seine These auf das *Haupt Paradoxon* gebracht, daß Bruno Pythagoras und Epikur in *ein* System habe fassen wollen. So zu charakterisieren, entspricht dem Bestreben dieser Art von Geschichtsschreibung der Philosophie, alles in dogmatischen Zuordnungen aufgehen zu lassen und in eindeutige Deszendenz zu den antiken ›Sekten‹ der Philosophie zu bringen.

Von diesem Verfahren läßt sich für den Häretiker aller Systeme, den Außenseiter aller Schulen und geweihten Institutionen nicht viel Gerechtigkeit und nicht einmal einige Einsicht erwarten. Aber der Versuch, Bruno ins Sektenbild der Philosophiesysteme einzuordnen, war doch ein unverkennbarer Fortschritt gegenüber jener bloßen Ketzerriecherei, die dem vorausgegangen war und die sich der einen Frage hingab, ob Brunos Begeisterung für das unendliche Universum ›Spinozismus‹ sei. Dies war das Schreckwort der Zeit, gleichbedeutend mit Atheismus, und solche Schreckworte, wie sie jede Zeit hat, haben vor allem zu verhindern, daß hingesehen und zugehört wird. Aber selbst wo der Ketzer Bruno Sympathie gefunden hätte, kann er sich gegen die proklamierten Begründer des aufgeklärten Denkens nicht durchsetzen; es gibt so etwas wie eine Zeitschranke, jenseits derer finsteres Mittelalter bleibt, und Bruno steht erkennbar, wenn auch nur um wenige Jahre, hinter Francis Bacon in jenem Dunkel, obwohl beide gemeinsam haben, daß sie Magie von ihrem Pfade nicht entfernen konnten.

Obwohl in Frankreich Mersenne und Charles Sorel den Namen Brunos vor der völligen Vergessenheit bewahrten und seine Pedantenkomödie *Il Candelaio* eine gewisse Nachwirkung hatte, ist doch schließlich im Kreis um die Französische Enzyklopädie Diderot der einzige, der wenigstens ein flüchtiges Interesse für Bruno zeigt. Der Artikel *Jordano Bruno* im achten Band von 1765 charakterisiert die Wirkung des Nolaners mit einem bis dahin ungekannten Sensorium: diesem einzigartigen Manne könne man den Ruhm nicht verweigern, als erster dem Götzen der Scholastik entgegengetreten zu sein und sich vom Despotismus des Aristoteles befreit zu haben sowie durch sein Beispiel und seine Schriften zum eigenen Denken ermutigt zu haben. ›Ermutigung‹ ist als eines der wesentlichen Momente im Prozeß der Aufklärung von Bacon zuerst deutlich gemacht und von den Enzyklopädisten als Aufgabe begriffen worden. In engem Zusammenhang mit dieser Ermutigungsfunktion steht, daß als Theorem Brunos ausdrücklich inventarisiert wird, die Vernunft habe keine gesetzten Grenzen ihres Gebrauches. Es ist diese von ihm ausstrahlende Kühnheit, die die solidere Philosophie des Descartes zu überstrahlen beginnt: Bruno hatte mit den 120 Thesen seiner Disputation von 1586 eben die Sorbonne herausgefordert, der Descartes seine *Meditationen* respektvoll widmen sollte. Zwar ist dem Autor des Artikels die Mischung von Geometrie und Theologie, von Physik und Poesie, die in Brunos Werk hervortritt, erkennbar unbehaglich und die Einschränkung, er hätte besser weniger Phantasie und mehr Vernunft haben sollen, ist ausgesprochen. Zugleich aber auch, daß Bruno Spinoza und Leibniz das Wesentliche in der Philosophie vorweggenommen zu haben scheine. Bruno wird mit einem Narren verglichen, der seinen Reichtum auf die Straße wirft, und Leibniz mit dem Weisen, der ihm nachläuft und das Weggeworfene aufhebt. Wäre Bruno nicht durch seine dichterische Genialität mitgerissen worden, gäbe es wenige Philosophen, die sich mit ihm vergleichen ließen. Affektion verrät sich auch in der Verteidigung Brunos gegen den Pedanten Schoppe, dem der Scheiterhaufen Anlaß gab, sich über die ›vielen Welten‹ lustig zu machen, zu deren Besuch der Phantast nun aufgebrochen sei.

III

Inzwischen ist uns, während wir zwischen Jakob Brucker und Ludwig Feuerbach Parameter für die deutsche Rezeption Brunos zu gewinnen suchten, der (wie Goethe ihm attestierte) *mit der Metaphysik gestrafte* Jacobi aus dem Blick geraten. Was bezweckte Jacobi, als er den Bruno-Text als Beilage seines Buches in den Streit um Lessings Gottesbegriff warf? Im Gegensatz zur deutschen Klassik und zum Idealismus hat Jacobi den Pantheismus als eine systematisch abgeschlossene und historisch unüberbietbare dogmatische Größe angesehen, deren Deszendenz sich von der kabbalistischen Metaphysik über Giordano Bruno zu Spinoza erstreckte. Bei diesem war Endgültigkeit erreicht; Spinozismus, wie Lessing ihn bekannt haben sollte, war Erschöpfung einer Möglichkeit und Sackgasse zugleich. Diese historische Lokalisierung sollte eben jene Beilage zur zweiten Auflage der Streitschrift gegen Mendelssohns *Morgenstunden* plausibel machen. Man kann sagen, die Bedeutung der Beilage bestehe darin, daß sie zum Gegenbeweis provozierte: die Metaphysik Spinozas erwies sich als übersteigbar, weil sie dem Moment der Geschichte keine Realität zu verschaffen wußte. Dafür lagen zumindest formale Ansätze im Denken des Giordano Bruno, der die systematischen Schwierigkeiten der Substanz- und Attributenmetaphysik Spinozas noch nicht hatte oder in seinem Ansatz nicht haben konnte.

Jacobi glaubte, mit der Beigabe des Bruno-Textes den Spinozismus als Endform des Pantheismus (und damit wohl auch dessen Unmöglichkeit für ein verändertes Bewußtsein) erst recht zur Evidenz gebracht zu haben. Erreicht hat er das Gegenteil und damit, nach einer Formulierung von Heinrich Scholz, *hier, wie fast überall, in erster Linie antithetisch gewirkt; er hat die großartigen Versuche des Goetheschen Zeitalters, den Spinozismus zu transzendieren, nicht unwesentlich gefördert, indem er durch seine unerbittliche Kritik die stärksten Kraftanstrengungen gegen sich selbst hervorrief*. Die Wirkung des Textes – oder vielleicht besser: die durch ihn vermittelte Ahnung von der Potenz seines Autors – wendete sich gegen Jacobis Absicht und These. Jacobi glaubte an den Gott hinter der Natur, an das absolute Geistprinzip, dem seine Verborgenheit und menschliche Unerreichbarkeit höchste Würde verleiht. Goethe sollte sich anläßlich *des ungöttlichen Buches von göttlichen Dingen* erregt auf die Seite der Verteidiger des vom Himmel gefallenen Bildes der Diana von Ephesus und seiner handwerklichen Nachbildner stellen, die sich *einen anderen und noch dazu formlosen Gott* nicht aufdringen lassen wollen – *Als gäbs einen*

Gott so im Gehirn . . . Für Jacobi war der Pantheismus dem Atheismus äquivalent, weil die Welt die Qualität des Göttlichen absorbierte und keinen Raum für einen ihr übergeordneten Geist und Willen ließ. Giordano Bruno hatte diese Konsequenz vermieden, indem er die Welt nicht von den göttlichen Attributen her dachte, sondern sie von der Idee der Schöpfung her als Selbstschöpfung ihres Urhebers unendlich werden ließ. Er trat damit in das Schema der Theologie der Trinität ein, setzte die Erschaffung an die Stelle der Zeugung des Gottessohnes. Hält man sich dies vor Augen, so wird Jacobis zugleich faszinierte und bestürzte Einstellung zu Giordano Bruno verständlich. Einerseits scheint der Nolaner unausweichlich auf die Konsequenz Spinoza zu, in die Sackgasse Spinoza hinein zu laufen, andererseits hält er an der letzten und vielleicht einzigen Möglichkeit fest, die neue Welt auf den alten Gott zurückzuführen. Hegel resümiert Jacobis Verhältnis zu Bruno dahin, er habe *große Aufmerksamkeit auf ihn erregt, indem die Summe seiner Lehre das spinozistische Eins und Alles oder im Ganzen der Pantheismus sey*. Der Pantheismus als Atheismus, dies war der Aspekt, der schließlich dominierte; er entsprach dem, was Goethe Jacobis ›Beschränktheit‹ nannte, seine Unfähigkeit, *von unserer Seite her in die andere Seite einzudringen, ja, womöglich, sie zu durchdringen und selbst bei unseren Antipoden wieder aufrecht auf unsere Füße gestellt zu Tage zu kommen.*

Über die gelegentlich scholastisch anmutenden Differenzierungen am Begriff eines ›Pantheismus‹ läßt sich leicht lächeln. Aber gerade, wenn man auf die von Jacobi gezogene Linie Bruno – Spinoza – Lessing sieht, wird die unvergleichliche Funktion der mehr oder weniger genau als pantheistisch bezeichneten Denkfigur für die Herausbildung der neuzeitlichen Rationalität greifbar. Indem die Gottheit auf ein Verhältnis der Notwendigkeit zur Welt und schließlich auf eine Identität mit ihr festgelegt wurde, konnte sie nicht mehr der Vorbehalt der Geheimnisse dieser Welt gegenüber dem Menschen bleiben, in dessen Fassungskraft für die Natur sie gleichermaßen eingegangen war wie in diese Natur selbst. Heine hat den Pantheismus als *die verborgene Religion Deutschlands* bezeichnet und seine humane Pointe darin gesehen, daß *das Bewußtsein seiner Göttlichkeit den Menschen auch zur Kundgebung derselben begeistern* werde. Ein Jahr später hat Feuerbach den Pantheismus als *das Wesen der neueren Zeit und Philosophie* bezeichnet und dies so begründet: *Nur der pantheistischen Anschauung von der Welt verdanken wir alle großen Entdeckungen und Leistungen der neueren Zeit in Künsten und Wissenschaften. Denn wie kann der Mensch sich für die Welt begeistern, wenn sie ein von Gott unterschiedenes, ausgeschlossenes, also ungöttliches Wesen ist?* Diese für seinen transzendenten Gottesbegriff unerträgliche Konsequenz hat schon Jacobi in seiner Streitschrift über Spinoza deutlicher als jeder andere wahrgenommen. Er ging von Spinoza auf Brunos Spekulation zurück, weil er dort die letzte noch mythische, noch mittelalterliche Formulierung, gleichsam die Vorform des absoluten Anspruches der menschlichen Vernunft und ihrer Zurückweisung aller Reservate eines hintergründigen Absoluten vermutete. Der Gott, der im Begriffe stand, in der von ihm erschaffenen Welt aufzugehen, war eben doch noch nicht der in ihr aufgegangene, zu ihrer Substanz gewordene Gott. Bei Bruno war der letzte Schritt noch nicht getan; aber es ist sichtbar, wohin er führen würde. Die Welt ist *anstelle* des Gottessohnes getreten, aber sie *ist* nicht der Sohn, wie sie es in Schellings *Bruno* sein wird. Brunos vergleichliche Funktion für das Verständnis dieses nach so viel Mystik aussehenden Prozesses ist, daß er den Willen zur Behauptung der Intelligibilität der Welt als Antrieb erkennbar macht. In seiner Welt haben die Refugien der verordneten, der verdienstlichen Ignoranz ihre Unterkunft verloren. Wenn Bruno sich rühmt, die Mauern des endlichen Kosmos aufgebrochen und den Blick in den unendlichen Raum freigegeben zu haben, so ist dies primär nicht eine Erweiterung der Wirklichkeit, von der das Jahrhundert der Entdeckungen Proben gegeben hatte und die das Fernrohr bestätigen sollte, sondern es ist vor allem der Anspruch auf Offenlegung der Bilanz der Welt. Es bleiben keine Räume der Unzugänglichkeit, weder ein Himmel jenseits der äußersten Sphäre des mittelalterlichen Kosmos, aber auch – wie sich Bruno ausdrücklich rühmt – kein Platz für die Unterwelt. Brucker resümiert: *Durch dieses Systema wird man der Furcht vor der Höllen loß, welche das angenehmste Vergnügen des Lebens vergifftet.* Das ist der Punkt, wo Bruno an Epikur und seine Neutralisierung der Welt für das auf Trost bedachte und von Ungewißheit geplagte Gemüt des Menschen anknüpft: die außerweltlichen Bezugsräume der Hoffnung wie der Furcht sind als leer vorgewiesen.

Das Interesse Jacobis für Giordano Bruno steht unter dem Motiv, die Heillosigkeit der rationalen Konsequenz an der philosophischen Unwiderlegbarkeit des Pantheismus, wie sie bei Spinoza erreicht sein sollte, aufzuweisen. Der große Vorwurf, den Jacobi Schelling und seiner

Bezugnahme auf Bruno machen wird, ist die Verschleierung dieser Konsequenz durch ein christianisierendes Vokabular. Die Art, wie Jacobi mit Bruno und Spinoza argumentiert, ähnelt dem Verfahren jener Skeptiker, die die Unwiderlegbarkeit des Skeptizismus zu beweisen suchten, um jede philosophische Alternative auszuschließen und die theologische dafür um so dringlicher und unausweichlicher anzubieten. So bedeutet für Jacobi die Demonstration der rationalen Konsequenz des Spinozismus zugleich die Empfehlung des Glaubens als seiner einzigen und damit zwingenden Alternative. Zwei genau datierbare Ereignisse begrenzen für ihn den Weg einer Vernunft, die ihm nur als der verkappte Verstand erscheint: der 17. Februar 1600, an dem der Nolaner auf dem Scheiterhaufen im römischen Campo di Fiore die Aussöhnung der letzten Stunde mit dem ihm entgegengehaltenen Bild des leidenden Gottessohnes verweigert, weil er das Universum an die Stelle dieses ›Einziggeborenen‹ gesetzt hatte; und der 6. Juli 1780, an dessen Morgen Lessing in Wolfenbüttel der Affektion durch Stolz und Trotz des *Prometheus* nicht zu widerstehen vermag und dadurch einem unvorsichtigen Bekenntnis noch einmal mythischen Rang verleiht.

Die Wirkung der Aufstörung Brunos aus seiner antiquarischen Vergessenheit durch Jacobi darf nicht auf die Zeugen und Zeugnisse des Streits um Lessings Bekenntnis beschränkt gesehen werden. Im Tübinger Stift erhitzten sich die Gespräche der Hegel, Schelling und Hölderlin über dem *Spinoza*. Aber es bedurfte mehr als der Kenntnisnahme eines vergessenen Textes, es bedurfte noch der Herausforderung durch den ›verkehrten Spinozismus‹ im absoluten Ich Fichtes, um die Verklammerung von Ich und All in einem Absoluten als Aufhebung der gegenseitigen Vernichtungen akut werden zu lassen – zweifelhaft, ob Schelling im Gespräch *Bruno oder über das natürliche und göttliche Prinzip der Dinge* mit mehr Recht an den Nolaner als an den platonischen *Timaios* anknüpft.

Gegen das Patronat Brunos über den Idealismus hatte Hegel, bei Sympathie für die *schöne Begeisterung eines Selbstbewußtseyns, das den Geist sich inwohnen fühlt und die Einheit seines Wesens und alles Wesens weiß*, wesentliche Vorbehalte. Immerhin hat Hegel gerade noch Kenntnis gehabt von der ersten Ausgabe der Werke Brunos durch Adolf Wagner 1830; aber verwertet hat auch er neben einigen lateinischen Traktaten nur den Dialog *Über die Ursache, den Anfang und das Eine*, den schon Jacobi vorgelegt hatte. Dieser *ungeordnete Reichtum* bot ihm *häufig ein trübes, verworrenes, allegorisches Aussehen – mystische Schwärmerei*. Aber andererseits ist es *ein großer Anfang, die Einheit zu denken*. Diese gesuchte Einheit ist die Beseitigung des aristotelischen Dualismus von Form und Materie; die Materie ist *an ihr selbst lebendig* und damit zu unendlichen Verwandlungen fähig. *Die Form ist ihr immanent, ist identisch mit ihr: so daß sie selbst diese Veränderungen, Umbildungen setzt, selbst hervorbringt; sie geht durch alle hindurch . . . Sie ist also eben das Vorausgesetzte aller Körperlichkeit, und daher selbst intelligibel, ein Allgemeines, oder eben das Verständige wieder selbst, die Endursache an ihr selbst; sie ist die Ursache und die Endursache von Allem.*

Aber Hegel sieht diese Anstrengung, die Einheit zu denken, *das logische System des inneren Künstlers, des produzierenden Gedankens, so darzustellen, daß ihm die Gestaltungen der äußeren Natur entsprechen*, offenbar nicht als erfolgreich an. Was herausgekommen ist, hat für ihn eine fatale Ähnlichkeit mit den *toten Typen* der romantischen Naturphilosophie; das Universum geht in einer alles verschlingenden organischen Metapher auf, die der Anstrengung des Begriffs entzogen ist: *Das Weltall ist ein unendliches Tier, in welchem Alles auf die mannigfaltigste Weise lebt und webt.* Die Momente des Weltprozesses seien nur *zusammengelesen*, nur *aufgezählt*, nicht in einem strengeren Sinne entwickelt; mit anderen Worten, die coincidentia oppositorum ist eben nicht die Dialektik. Fazit: durch Jacobi sei Bruno *zu einem Ruhm gekommen, der über sein Verdienst geht.*

IV

Zwischen zwei dramatischen Konflikten liegt ein unstetes Wanderleben von nur sechzehn Jahren. Achtundzwanzigjährig verläßt Bruno 1576 das Kloster, um sich einer gegen ihn anhängig gemachten Klage seines Ordens wegen Ketzerei in 130 Artikeln zu entziehen. 1592 geht er in Venedig in die Falle der Inquisition und wird im folgenden Jahr nach Rom ausgeliefert. Die beiden Jahre 1583/4, die er im Schutz und Gefolge des französischen Gesandten in England verbrachte, waren für die Erwartungen des immer Angespannten und Fordernden wohl noch enttäuschend, noch erbitternd, aber doch vom Scheitern aller anderen Versuche in ganz Europa her betrachtet der Höhepunkt dieser Zeitspanne. Die philosophischen Dialoge in italienischer Sprache sind sämtlich in diesen beiden Jahren entstanden. Von dem, was danach verfaßt wurde, ist aufregend nur die Herausforderung der 120 Disputationsthesen, die Bruno 1586 in Paris verteidigen ließ und die zugleich wiederum das Ende seines französischen Aufenthalts bedeuten sollten. Die lateinischen Traktate, die er in Frankfurt am Main abschloß und zum Druck brachte, verraten nur noch wenig von der spekulativen Steigerung und der Angriffslust der in England entstandenen Werke.

Diese sechs italienischen Dialoge bilden eine locker gefügte Komposition, deren Basis durch das *Aschermittwochsmahl* und seine kopernikanische Mission gebildet wird. Dieser erste Dialog ist am deutlichsten auf die Situation bezogen, die Bruno in England antraf, wo er durch den Einfluß seines Protektors schnell Zugang am Hof und zur Universität Oxford fand, an der er freilich alsbald die erste Enttäuschung seines kopernikanischen Eifers erlebte. Nicht ganz zu Unrecht, wenn der Dialog ein zutreffendes Bild von der Argumentationstechnik Brunos vermittelt, die vielleicht dem Vergnügen eines schadenfrohen Publikums, kaum aber der Überzeugung der Fachkundigen gedient haben kann. Die Königin Elisabeth jedenfalls soll ihm mit Genuß zugehört haben.

Lebensumstände und Publikum allein können aber die schriftstellerische Explosion der englischen Monate kaum erklären. Die Sprache und der Erscheinungsort Venedig lassen klar erkennen, daß Bruno in England für ein anderes Publikum, wahrscheinlich schon ganz aus der Bitterkeit über seine Mißerfolge heraus, geschrieben hatte. Aber weshalb bricht dann diese Produktivität erst nach der Ankunft in England auf? Es gibt nur die eine Erklärung, daß Bruno der Zentralgedanke seiner Spekulation über das Universum erst in England aufgegangen ist. Das Werk von Thomas Digges, das 1576 erschienen und bei den mit den Novitäten der Zeit Vertrauten im

Gerede war, könnte die zündende Verbindung zwischen der frühen kopernikanischen Überzeugung und einer wohl vorwiegend epikureisch geprägten Philosophie hergestellt haben.

Bruno selbst bezeichnet das *Aschermittwochsmahl* als ein Gemisch von Dialog, Komödie, Tragödie, Poesie, Rhetorik und Satire. Seit einigen der frühen Dialoge Platos war in dieser Art des philosophischen Traktats nicht mehr soviel szenische Zurüstung aufgeboten worden. Der zentrale Bezug auf eine festliche Mahlzeit steht in der Tradition des Symposion. Weshalb es gerade ein Aschermittwochsmahl ist, erklärt sich am ehesten aus der Tatsache, daß der Aschermittwoch im kirchlichen Herkommen der Tag der Ausstoßung der öffentlichen Büßer aus der Gemeinde in Sack und Asche gewesen war. Bruno könnte ihn als den für seine Rolle charakteristischen Tag herausgehoben haben. Aber der seinen befreienden Konflikt derart unausgesprochen Feiernde ist ein Diogenes im Londoner Dachstübchen des französischen Gesandten, dem nicht der ehrenvolle Besuch von fünfhundert Männern vom Schlage Alexanders des Großen zuteil wird, die ihm in der Sonne stehen könnten; sein Spott ist daher grimmiger und giftiger als der des Mannes aus Sinope, mit dem er sich so gern vergleicht. Ein Mangel an menschlicher Souveränität, an wirklicher Ungebundenheit gegenüber den Umständen, die er zu verachten vorgibt, ist spürbar. Er leidet unter der Rolle des Günstlings hoher Herren, die er doch zugleich als seine einzige Chance, einmal nicht auf der Flucht sein zu müssen, gesucht hat. Das bestimmt die Tonlage des Dialogs.

Die Szene beginnt mit humanistischem Bildungsgeplänkel, dialektischen Fingerübungen, rhetorischen Schattengefechten. Den Zitatenprunk, mit dem Prudenzio und Frulla um sich werfen, sollte man lesen, als verstände man kein Wort. Der Übersetzer tat gut, die lateinischen Zitate als eine Art Chinesisch der sich eingeweiht Dünkenden stehen zu lassen. Prudenzio ist der Typus des Pedanten, den Bruno schon in seiner jugendlichen Komödie verspottet hatte. Prudenzio ist charakterisiert durch die Meinung, man könne ein Gespräch zu vieren nicht sinnvoll führen, ehe man nicht den Irrtum beseitigt habe, dies dürfe Dialog nicht heißen, da es doch ein Tetralog sei.

Mit Überraschung nimmt der Leser wahr, daß der Kopernikaner Bruno seinen Scholarchen bereits historisiert hat. Kopernikus ist nicht seine Autorität, sondern seine Vorgeschichte. Er erscheint ihm als der noch tastende Anfänger, der den sich abzeichnenden Prozeß einer großen Klärung noch nicht erkannt hatte, der vielmehr als der letzte in einer langen Reihe astronomischer Handlanger nur die Basis für eine kühne Extrapolation vermessen, aber den Absprung in die spekulative Totale nicht gewagt hatte. Bruno beansprucht für sich selbst, *weder mit den Augen des Kopernikus noch mit denen des Ptolemäus, sondern mit seinen eigenen, zumindest soweit es das Urteil und die Folgerungen betreffe*, zu sehen. Den Beobachtungen der Fachleute müsse er zwar vertrauen, nicht aber ihrer Deutung. Jene seien nur die Übersetzer eines Textes, nicht seine Interpreten; nur die Meldegänger, nicht die Strategen. Was er Kopernikus zubilligt, ist *giuditio naturale*, natürliches Urteilsvermögen, und den damit verbundenen Mut, gegen den Strom der Tradition fast ohne den Schutz neuer Argumente zu schwimmen. Das ist für das Selbstbewußtsein des Nolaners bezeichnend: er historisiert Kopernikus, indem er ihn auf den Mut des Widerspruches reduziert, und schreibt sich selbst zu, diesem Widerspruch erst eigentlich sein Arsenal von Argumenten, seine Einbettung in die Konsistenz eines Systems verschafft zu haben.

Diese Historisierung wird man verstehen müssen als eine Projektion aus der eigenen Biographie. Was konnte Bruno schon in den frühen Jahren seines Klosteraufenthalts zur Annahme des Kopernikanismus bewogen haben? Kaum Gründe astronomischer und kosmologischer Provenienz. Bei Bruno wird greifbar deutlich, daß Kopernikus für das sechzehnte Jahrhundert am ehesten in die Denkform des Paradoxon paßte: als jemand, der die Welt auf den Kopf stellte, der den geläufigsten Ordnungsbehauptungen für die Realität widersprach. Das Paradox gehört zu den Manierismen der Zeit, und es gibt einen durchgängigen stilistischen Zusammenhang zwischen der Denkweise des Nolaners in vielen anderen Fragen und seinem Kopernikanismus, sofern man an diesem vor allem die Skandalisierung des Bewußtseins wahrnimmt. Zur Bevorzugung des Paradoxes gehört das Liebäugeln mit dem äußeren und noch mit dem äußerlichsten Effekt. Bruno ist von Anfang an ein Spekulant auf Wirkung. Kopernikus mag ihm da ziemlich zufällig in die Requisiten geraten sein, wie zu allen Zeiten nach derartigem gegriffen wurde, wenn es galt, die Beruhigten und Gesättigten zu erschrecken. Er sagt es selbst in diesem Dialog, man habe vom Hofe nach ihm geschickt, um eine Unterhaltung zu arrangieren, in der es *um seinen Kopernikus und andere Paradoxe seiner neuen Philosophie* gehen sollte. Die Rückwirkung des Stilwillens der Epoche auf die Kategorien, mit denen Wirklichkeit erfaßt wurde, ist schon und zuerst von Ernst Cassirer nachgewiesen worden. Noch bis über die Schwelle des siebzehnten Jahrhunderts hinweg ist das Monströse die erwartete Eigenmächtigkeit der Natur und dementsprechend die List in der Tradition der pseudoaristotelischen *Mechanik* die Gegenhaltung des Menschen. Die Gebärde des Trotzes *gegen das Recht der Natur*, die dem Frauenburger Domherrn Kopernikus so ferngelegen hatte, ist doch das, was an seiner theoretischen Handlung in den *Revolutiones* wahrgenommen werden sollte.

Giordano Bruno ist der erste gewesen, der das Ereignis der kopernikanischen Reform mit dem in den folgenden Jahrhunderten immer wieder gebrauchten Bild vom Aufgang eines neuen Lichtes in Verbindung gebracht hat. Kopernikus sei die Morgenröte dieses Aufganges gewesen, dessen voller Tag durch ihn, den Nolaner, angebrochen sei. Dieses Licht ist für Bruno freilich nicht die nie zuvor gewesene Fälligkeit des Selbstbewußtseins der Aufklärung, sondern es ist die Sonne *de l'antiqua uera philosophia*. Mit dieser Metapher verbindet sich die Vorstellung von einer zyklischen Periodik der Geschichte, in der Abwesenheit des Lichtes ebenso ›natürliches‹ Ereignis ist wie seine Wiederkunft. Wie sich damit das an Lukrez angelehnte Gleichnis von der Befreiung des menschlichen Geistes aus den Kerkermauern des endlichen Universums – proklamiert am Anfang des lateinischen Lehrgedichts *De Immenso et Innumerabilibus* ebenso wie im *Aschermittwochsmahl* – vereinbaren läßt, bleibt dunkel. Es verraten sich darin die Schwierigkeiten, die die Resignationsform einer zyklischen Geschichtsvorstellung hervorrufen muß angesichts der

Mächtigkeit der Vernunft, die sie gleichzeitig verkünden möchte. Mit den Ausdrucksmitteln einer Erneuerung der Antike formuliert sich ein Anspruch, der auf Unwiderruflichkeit des nun zu Erringenden besteht und sich darin mit der Möglichkeit nicht verträgt, daß dies alles schon einmal da gewesen und dennoch verloren gegangen sein soll. Wie hätte Kopernikus einen definitiven Anbruch der Vernunft bedeuten können, wenn schon die Pythagoreer und Aristarch seine Einsicht besessen hatten und dennoch Episode geblieben waren? Die Schwierigkeiten, die Bruno mit seinem Pathos und seinen Metaphern hatte, repräsentieren also nur die Widersprüche am Anfang einer ›Neuzeit‹, deren Selbstbewußtsein sich durch Geschichte nicht infrage stellen lassen wollte.

Die Verbindung der zyklischen Figur mit der Lichtmetaphorik ist besonders prägnant in dem *Excubitor*, den Bruno seinen riskanten Pariser Thesen von 1586 voranstellt und in dem er den Wechsel von Tageslicht und nächtlichem Dunkel mit dem von Wahrheit und Irrtum in der Welt des Geistes vergleicht. Die Antinomie der geschichtlichen Selbstlokalisierung innerhalb einer solchen fatalen Periodik besteht darin, daß für die Phase der Dunkelheit als unausweichlich eingeräumt werden muß, man könne in ihr den Mangel an Vernunft nicht akut empfinden, weil eben dies eine der vorzüglichen Leistungen der Vernunft ist, ihre *docta ignorantia*, die Bruno aus seiner Kenntnis des Nikolaus von Cues geläufig war. Im Dialog vergleicht Bruno die Einsichtslosigkeit seines Gegners mit seiner eigenen vorkopernikanischen Jugendtorheit und bittet schließlich Gott, er möge jenem, wenn er ihn schon nicht sehend machen wolle, doch wenigstens die Möglichkeit eröffnen zu glauben, daß er blind sei. Es ist das Grundproblem der Epochenschwelle, der Möglichkeit des Aufbruchs zu neuen Wahrheiten: das Ungenügen der alten bemerkbar zu machen.

Wenn also Kopernikus nur die alte Wahrheit aus den *finsteren Höhlen der blinden, boshaften, dreisten und neidischen Unwissenheit* wieder befreit hatte, so blieb die bange Frage, welche Mächte der Vernunft derart habhaft werden konnten und im Niedergang auch des neuen Tages vielleicht wieder habhaft werden würden. Man wird die Idee des Fortschritts, deren Herkunft so viele scharfsinnige Untersuchungen auf sich gezogen hat, nicht zuletzt als entschiedenen Widerspruch gegen diese Fragwürdigkeit einer zyklischen Grundvorstellung sehen müssen. Der geschichtliche Egoismus derer, die sich selbst den Genuß der aufsteigenden Phase in einer solchen Periodik zuschreiben, verdeckt die Zwangsläufigkeit des zu ihr symmetrischen Niedergangs. Bruno läßt seinen Teofilo sagen, es käme darauf an zu wissen, *ob wir am Tage leben und das Licht der Wahrheit an unserem Horizont scheint oder aber an dem der Antipoden, unserer Gegner, ob wir uns in der Finsternis befinden oder sie, und folglich, ob wir, die wir dabei sind, die alte Philosophie zu erneuern, am Morgen leben, der die Nacht beschließt, oder aber am Abend, der den Tag beendet.* Eben diese Frage des geschichtlichen Selbstbewußtseins, der eigenen Lokalisierung im Gang der Geschichte, ist unter jeder Voraussetzung, die nicht den bloßen Zuwachs der Einsicht als Bedingung des Urteils über jede vorhergehende Phase ansieht, das schier unlösbare Problem. Denn mit dem periodischen Schwund der Vernunft schwindet auch die Position, von der aus Verfinsterung als solche erkannt, Licht als Vergangenheit erinnert oder als Zukunft erwartet werden kann.

Wenn es richtig ist, daß Brunos Dialog vom Aschermittwochsmahl eine geschichtliche Situation reflektiert und einen der großen Versuche zu' ihrer Artikulation darstellt, dann wird sich der Angriffspunkt genauer bestimmen lassen, an dem dieser Typus von Geschichtsvorstellung – den ein anderer Denker aus Neapel, Giambattista Vico, zur vollen Ausdrücklichkeit bringen sollte – den Widerspruch der Aufklärung erfahren mußte. Das Problem der Undurchsichtigkeit der eigenen Position in der zyklischen Geschichtsauffassung führt konsequent aus dieser heraus. Wie kann die wissende Unwissenheit sich selbst unterscheiden von der unwissenden Wissenschaft?

Bruno gibt sich eine historische, die Verfassung seiner Zeit infrage stellende Funktion. Es geht dabei um die ›Richtung‹ der im wörtlichsten Sinne Raum greifenden, die Wirklichkeit erweiternden, die Welt an sich reißenden menschlichen Aktivität. Es hört sich an wie reine laudative Metaphorik, wenn Bruno von sich selbst sagen läßt, er habe entdeckt, *wie man zum Himmel steigt, den äußersten Sternenkreis durchschreitet und die oberste Wölbung des Firmaments hinter sich läßt*. Inmitten des Zeitalters der Entdeckungen und einer ihnen hingegebenen Nation ist dieser Gestus wohl berechnet. Bruno vergleicht sich mit dem mythischen Erfinder des ersten Schiffes, dem Tiphys der Argonautensage, und hält Leuten dieses Schlages zugleich vor, sie hätten *den Weg gefunden, den Frieden anderer zu stören, die heidnischen Gottheiten der Länder zu entweihen, zu vermischen, was eine umsichtige Natur getrennt hat, durch Handel die Mängel der Menschen zu verdoppeln und die Laster des einen Volkes um die des anderen zu vermehren, mit Gewalt neue Torheiten zu verbreiten und die unerhörten Narrheiten dorthin zu verpflanzen, wo es sie noch nicht gab, und am Ende den Stärkeren als den Klügeren auszugeben. Sie haben den Menschen neue Wege, Werkzeuge und Künste gewiesen, sich gegenseitig zu unterdrücken und umzubringen. Dank solcher Taten wird einst die Zeit kommen, wo die anderen Völker, aus eigenem Schaden klug, durch den Wechsel im Lauf der Dinge in die Lage versetzt werden, uns die Folgen dieser Verderben bringenden Erfindungen in gleicher oder schlimmerer Form heimzuzahlen.* Dieser prophetischen Kritik am Zeitalter der Entdeckungen und der begonnenen Ausbeutung neuer Weltteile stellt Bruno das geöffnete Weltall als die Alternative einer nun grenzenlos gewordenen Freiheit entgegen. *Unsere Vernunft ist nicht mehr in den Fesseln der erdichteten acht, neun oder zehn Himmelssphären und ihrer Beweger gefangen.* Die Vernunft dieses Heilbringers ist nicht die der Entdeckungen und Erfindungen als Zugang zu neuen Verfügbarkeiten, sondern die einer theoretischen Ekstase, einer Unendlichkeitsmystik von erotischer Prägung. Die untrennbare Verbindung der Anschauung des Himmels mit dem Selbstbewußtsein einer inneren Tiefe wird noch einmal vor Kants Reduzierung auf den Gegenpol des moralischen Bewußtseins beschworen: *Wir brauchen die Gottheit nicht in der Ferne zu suchen; denn sie ist uns nahe und sogar tiefer in uns als wir selbst.*

Noch die Zerstörung der das Mittelalter beherrschenden Weltvorstellung ist an die Spielregeln, die diese vorgezeichnet hatte, gebunden. Die Metaphorik der siegreichen Vernunft berauscht sich an der Durchbrechung des Mauerwerks der Himmelssphären, an der Erweiterung des Raumes und der Vervielfältigung der einen Welt. Vernunft als Überschreitung zuvor gezogener, anerkannter und schließlich kaum noch wahrgenommener Grenzen – dieses Schema, dem vor allem Francis Bacon neue Veranschaulichungen hinzufügen wird, prägt das frühneuzeitliche Selbstverständnis. Aber diese Qualität der Vernunft, ihre Unfähigkeit zum Gang der kleinen Schritte und zur Allmählichkeit ihrer Überwindungen – bei Bruno abgelesen an der Differenz zwischen dem eigenen Ausgang von Kopernikus und dem im Sprung gewonnenen Abstand zu ihm –, hat zur Folge, daß sie eine Vernunft der Wenigen bleibt, die das Schmerzhafte ihrer Gewaltsamkeit zu ertragen vermögen. Vielleicht ist sie sogar nur als die Vernunft des einen gemeint, der es auf sich nimmt, mit ihr an der Welt zu zerbrechen: *denn diese Last eignet sich nicht für die Schultern eines jeden, sondern nur für solche, die sie tragen können, wie der Nolaner.* Deshalb ist das Stilmittel des *Aschermittwochsmahls* weithin Hohn und Verachtung gegenüber den Unwissenden und den eingebildet Wissenden. Argumentation scheint das zu sein, was der Durchsetzung des neuen Systems am wenigsten zugebracht werden muß. *Wenn es jemandem aus mangelnder Auffassungsgabe auch versagt bleibt, dem Nolaner gänzlich zuzustimmen, so muß er ihm doch wenigstens in den gewichtigsten und wesentlichen Punkten beipflichten und gestehen, daß das, was er nicht als das Wahre erkennen kann, zumindest das Wahrscheinlichere ist.* Dieser Ausspruch des Teofilo im Dialog zeigt, in welchem Grade Vernunft als eine seltene und unverhoffte Substanz gesehen wird, mit der man im Grunde nicht rechnen darf, von der man sich nur überraschen lassen kann.

V

Wenn die Beobachtung richtig ist, daß Bruno die kopernikanische These ursprünglich als eines jener Paradoxe aufgegriffen hatte, die seine Zeit so sehr schätzte und die in seinen eigenen Stil aufs genaueste paßten, dann ergibt sich die Frage, in welchem Maße er wirklich der Kopernikaner war, als den er sich versteht und ausgibt. Man kann sagen, daß die kopernikanische Reform, verglichen mit dem, was Bruno als ihre Konsequenz entwirft, ein provinzielles Ereignis gewesen war: in der Mitte der Welt bzw. nahe dieser Mitte wird ein Austausch vorgenommen, die Erde ein Stückchen aus dieser Mitte herausgerückt und auf eine Kreisbahn versetzt, die Sonne an ihre Stelle gebracht. Diese den Grad der Veränderung rein quantitativ fassende Beschreibung verharmlost die Größe der Schwierigkeiten, die diesem Vorgang entgegenstanden. Bruno hat dafür keinen Blick. Man darf nicht vergessen, daß erst sechzehn Jahre nach seinem Tode Galileis erster Konflikt mit der Kirche die Schärfe der Gegensätze zutage treten lassen sollte. Bruno hat nur ein Kriterium für die Leistung des Kopernikus: sie hatte die Chance der Wahrheit nicht ausgeschöpft. Dabei sah er nicht den entscheidenden Mangel an Fundierung, den die kopernikanische Theorie tatsächlich besaß; er hielt sie einer neuen Metaphysik für bedürftig, während es ihr doch an einer neuen Physik gebrach.

Ehe die Konsequenzen in vollem Umfang gewonnen werden konnten, mußten die Bedingungen der Möglichkeit gesichert werden. Die Beseitigung der physikalischen Einwände gegen die der Erde von ihm zugeschriebenen Bewegungen war Kopernikus nur zum Schein gelungen. Es gibt Gründe anzunehmen, daß er selbst die Möglichkeiten weitergehender Absicherung seiner Theorie kannte, aber nicht auswertete, um nicht in naturphilosophische Streitigkeiten hineingezogen zu werden und sein Werk durch sie gefährden zu lassen. Die alten aristotelischen Einwände, daß bei einer Achsenrotation der Erde Fall- und Wurfvorgänge entsprechend verändert erscheinen und daß Phänomene der Zentrifugalkraft auftreten müßten, hatte Kopernikus unter dem Niveau einer möglichen Diskussion behandelt. Aber auch Bruno half diesem Mangel nicht ab. Er führte nur eine rational nicht darstellbare Hilfsvorstellung ein, die die Erde mitsamt ihrer Atmosphäre und allen Gegenständen an ihrer Oberfläche zum ›Organismus‹ erklärte, also zu Teilen eines Ganzen, die sich bei jeder Bewegung *als* Teile dieses Ganzen verhalten. Die Macht des aristotelischen Begriffs der ›natürlichen Bewegung‹, von der auch Kopernikus Gebrauch gemacht hatte, ist ersetzt durch diesen neuen, fortan fast alles leistenden Zauberbegriff des ›Organismus‹, dessen unheiliges Potential sich erst ganz bei der Anwendung auf die Staats- und Sozialphilosophie zeigen sollte. Bei Bruno kann man sehen, welche Überbrückungsfunktion dieser Totalitätsbegriff hatte, bis das Trägheitsprinzip zu einer kopernikanisch stimmigen Mechanik führte.

Der Organismus ist charakterisiert durch Selbsterhaltung; alle Teilvorgänge, einschließlich Stoffwechsel und

Fortpflanzung, dienen dem Resultat der Identität eines Ganzen. Nach diesem Modell deutet Bruno alle Vorgänge in der Natur als Funktionen der Selbsterhaltung, der Reintegration und der Reproduktion. Das aber heißt: nur unter partiellem Aspekt ist Veränderung real, das Ganze ist unveränderliche Einheit. An diesem Punkt interpretiert Bruno Kopernikus durch Parmenides, und daraus folgt: er hebt seine physische Wahrheit im metaphysischen Schein wieder auf.

Man hat an den spekulativen Kühnheiten Brunos die Vorgriffe auf spätere astronomische Erkenntnisse bewundert. Aber man muß auch die Verluste bilanzieren. Als Bruno den kopernikanischen Leitfaden aus der Hand gab, um sich zu seiner Metaphysik der absoluten Schöpfung aufzuschwingen, verlor er zugleich jedes Konstruktionsprinzip für den Aufbau des Weltalls. Man braucht nur auf Johann Heinrich Lamberts *Cosmologische Briefe über die Einrichtung des Weltbaues* von 1761 zu blicken, um wahrzunehmen, daß die kopernikanische Aufgabe, den Bau des Sonnensystems zu klären, mit dem Fortschritt der Astronomie für die Systeme höherer Stufe wiederkehrt, wie für das der Milchstraße und ihren Zusammenhang mit vergleichbaren Gebilden. Lambert konstruiert seine Welt aus Welten, indem er das kopernikanische Prinzip der perspektivischen Analyse immer wieder anwendet, also die Mitte der Welt zwar nicht leugnet, aber der jeweils nächsten Konstruktionsstufe als der hypothetisch letzten weitergibt. Dagegen ist Brunos Weltall im Grunde atomistisch; sein Bedürfnis ist nicht das, den konstruktiven Aufbau durchsichtig zu machen, sondern den Prospekt des Ganzen in einer umfassenden Anschauung vor sich auszubreiten – also immer noch die antike Theoria. Diese Welt sieht Bruno getrieben von dem Anspruch jedes ihrer Glieder auf die Wahrnehmung aller seiner Möglichkeiten, auf die universale Partizipation von allem an allem. Bewegung ist ständige Metamorphose der Weltsubstanz, Ausdruck ihres Durstes nach Formung und immer neuer Realisierung. Aber gerade darin läßt sich dieses Ganze auch als ein Chaos des Stoffwechsels betrachten, das ohne immanentes Bauprinzip auf dem Wege nach dem Unerreichbaren, das doch in seiner Ganzheit schon vorweggenommen ist, sich ständig selbst zerstören muß, um nicht im Vorläufigen zu verfestigen. Bruno hat das in dem für ihn, wie ich meine, zentralen Mythos vom Universum als Töpferscheibe im zweiten Teil des zweiten Dialogs *Cabala del cavallo Pegaseo* als ein *profetico dogma* ausgesprochen, nach welchem *sich das Ganze in der Hand des allumfassend Wirkenden befinde wie eine einzige Lehmmasse in der Hand eines einzigen Töpfers, um auf der Scheibe dieses Umschwunges der Gestirne gemäß dem Wechsel von Werden und Vergehen der Dinge bald als gutes Gefäß, bald als schlechtes aus demselben Stoff hervorgebracht und wieder zerstört zu werden.*

Im Totalmythos von der Töpferscheibe schließen sich kosmologische Spekulation und zyklische Geschichtsvorstellung wieder zusammen. Aber die Kreisbahn ist nicht mehr nur der Ausdruck seliger Erfüllung und Nachahmung der göttlichen Selbstbezogenheit. Etwas von der Vergeblichkeit eines Prozesses wird spürbar, in dem jedes je erreichte Resultat durch seine Realität immer und unvermeidlich die Negation der Möglichkeiten ist, die das in ihm aufgegangene Substrat zuvor besessen hatte. Die Schilderung des Anmarsches zum nächtlichen Mahl im zweiten Dialog – ein großes Stück Literatur ohne Frage – darf sicher nicht nur als Allegorie gelesen werden. Nach der grotesken nächtlichen Odyssee des Nolaners und seiner Gruppe durch das zu Hades und Labyrinth dämonisierte London findet man sich schließlich am Ausgangspunkt wieder. In der Bitterkeit des Dialoges steckt die Erfahrung von Vergeblichkeit. Nicht zufällig bricht der Erzähler nach der Schilderung des nächtlichen Irrganges in eine verzweifelte Beschwörung der Widerstände der Vernunft, aber auch der Mittel ihrer Selbstirreführung aus: *O unbeständige Dialektiken, verschlungene Zweifel, lästige Trugschlüsse, spitzfindige Fangschlüsse, dunkle Rätsel, verworrene Labyrinthe, verteufelte Sphinxe, löst euch auf und laßt euch lösen!* Die Durchbrechung und Zerbrechung des Kreises als der geheiligten Figur des Weltsinnes, die mit Keplers Verformung der Planetenbahnen zu Ellipsen ein Jahrzehnt nach Brunos Tode beginnen sollte, ist diesem selbst unerreichbar geblieben. Er kommt aus dem Bann dieser Struktur nicht heraus. Noch sein Gott der absoluten Schöpfung ist der auf sich selbst zurückbezogene Gott des Aristoteles, der hier zwar nicht mehr nur nichts anderes *denkt* als sich selbst, aber doch nichts anderes *schaffen* kann als sich selbst in Gestalt des unendlichen Universums.

Als man sich schließlich zum Aschermittwochsmahl zu Tische setzt, gibt es einen erheiternden Vorfall im Zeremoniell. Einer aus dem Gefolge des Nolaners, der auf den letzten Platz am Tisch gesetzt werden soll, verkennt die Sitzordnung, hält diesen Platz für den ersten, weigert sich ihn anzunehmen und begibt sich aus Bescheidenheit an den ersten Platz. Das Hin und Her, das nun einsetzt, ist nicht ohne hinterhältige Anspielung auf Kopernikanisches. Man darf nicht vergessen, daß die Gegnerschaft gegen Kopernikus zunächst weniger mit biblischen Sätzen, als mit der Koppelung von kosmischem System und metaphysischer Rangordnung bestritten worden ist. Der Verlust des Platzes in der Weltmitte sollte für den Menschen die Einbuße einer Auszeichnung bedeuten, die von der stoischen Tradition mit dem bevorzugten Blickpunkt des Weltzuschauers begründet worden war, aber doch am ehesten an ein Zeremoniell erinnert, bei dem es etwas bedeutet, im Mittelpunkt und der ruhende Mittelpunkt eines umkreisenden Geschehens zu sein. Die kleine Szene der Sitzverteilung beim Aschermittwochsmahl mag die Funktion haben, dem Leser zum Bewußtsein zu bringen, wie schwer und unzuträglich zugleich es ist, sich in der Welt nach ersten oder letzten Plätzen zu orientieren in einem Augenblick, da der Nolaner im Begriff steht, angesichts dieser Tafelrunde das kosmische Gerüst zu zerbrechen, auf dem eine Rangordnung von Wirklichkeiten überhaupt noch markierbar war. Bruno rühmt sich zwar, wie später Galilei, die Erde zu den Sternen erhoben zu haben, aber in einem All, das nur noch aus Sternen besteht, heißt das nichts anderes, als die einzige Ausnahme und den letzten Vorbehalt vor der Homogenität der Welt beseitigt zu haben.

Aber das Unbehagen gegenüber dem Kopernikanismus war tiefer begründet, als daß nur ein dem Menschen schmeichelhaftes kosmisches Zeremoniell verletzt wor den wäre. Was bei Brunos Identifizierung der sichtbaren Sterne mit Sonnensystemen gar nicht deutlich expliziert wird, ist die damit verbundene Annahme von unsichtbarer Realität, die im unendlichen Universum zum Übergewicht des Unsichtbaren und zur provinziellen Einschränkung der für den Menschen sichtbaren Welt führen mußte. Hier ist wieder an Thomas Digges zu erinnern, der dem kopernikanischen Prinzip der Standpunktbedingtheit astronomischer Phänomene eine folgenschwere Erweiterung gegeben hatte. Die Realität der Welt liegt nicht mehr in der Reichweite der menschlichen Anschauung, sondern erstreckt sich über diese hinaus in beliebige Weiten der Unzugänglichkeit und Unsichtbarkeit. Die Endlichkeit der Welt hatte sich als ein den Menschen beruhigender optischer Schein erwiesen, und Digges hatte zuerst die über die Konsequenzen des kopernikanischen Systems hinausgehende bestürzende Aussage gemacht, daß der größte Teil der Welt wegen seiner unglaublichen Entfernungen für uns unsichtbar bleibe. Was aber bedeutet eine Welt, die nicht mehr für die bewundernde Anschauung des vermeintlich bevorzugten ihrer Geschöpfe existiert? Digges war noch unentschlossen gewesen, auf diese Frage eine Antwort zu geben, die ganz auf die Entsprechung zwischen Unendlichkeit der Attribute Gottes und Unendlichkeit der Fülle der Welt gesetzt hätte. Eher legt er so etwas wie einen frommen Verzicht des Menschen auf seinen vollen Weltanteil und Weltanspruch nahe, während erst Bruno mit der Schwärmerei von der Unendlichkeit der Welt und der Welten in ihr die pagane Aufsässigkeit gegen den Selbstvorbehalt des theologischen Gottes verbindet.

In dem knappen Jahrzehnt, das zwischen dem Traktat von Digges und dem *Aschermittwochsmahl* von Bruno liegt, ist die Identität von optischer und metaphysischer

Schwelle der Transzendenz gefallen. Die Grenze der Sichtbarkeit der Welt ist zum herausfordernden Faktum geworden, an dem man spürt, daß es die Intention auf den optischen Verstärker, auf das Fernrohr, nicht zur Ruhe kommen lassen würde, daß das exemplarische Instrument für die positive Umwertung des kopernikanischen Prozesses unmittelbar bevorstand. Das Übergewicht der unsichtbaren Realität wird dadurch schon im folgenden Jahrhundert zum Hintergrund des noch nicht Erforschten. Kurz bevor das Fernrohr in der Hand Galileis Epoche machte, schrieb Kepler 1604 in dem Widmungsschreiben an Kaiser Rudolph zu seiner *Optischen Astronomie: Unerschöpflich ist der Schatz der Geheimnisse der Natur, einen unbeschreiblichen Reichtum stellt er dar, und wer auf diesem Gebiet etwas Neues ans Licht bringt, leistet nichts anderes, als daß er anderen den Weg zu neuen Forschungen öffnet*. Man wird nicht fehlgehen, wenn man sagt, daß dieser Gedanke von der Unendlichkeit der Welt als einer Vorzeichnung der theoretischen Dimension und des theoretischen Prozesses Giordano Bruno noch unerreichbar war. Die Öffnung des Himmels ist für ihn Steigerung der Anschauung des zum *contemplator caeli* sich erhebenden Wesens.

Man könnte, freilich nicht ohne Vereinfachung, die drei Epochen Antike, Mittelalter und Neuzeit durch Horizontbestimmungen des menschlichen Weltbewußtseins charakterisieren. In der Antike fielen Horizont der Sichtbarkeit und Horizont der Wirklichkeit ebenso zusammen wie Horizont der Wirklichkeit und Horizont der Möglichkeit. Das Mittelalter hielt an der Kongruenz von Wirklichkeit und Sichtbarkeit für die Natur fest, entzweite aber den Umfang der Wirklichkeit von dem der Möglichkeit, indem sie unter den Begriffen der Schöpfung und der Kontingenz die wirkliche Welt nur als Auswahl aus den Möglichkeiten der Allmacht erscheinen ließ. Die Neuzeit schließlich begann mit der letzten Dissoziation, indem sie die Horizonte von Wirklichkeit und Sichtbarkeit auseinandertrieb, wobei sie die Grenzen der gegebenen, nicht durch Instrumente verstärkten Optik des Menschen innerhalb der Realität immer enger zu ziehen sich gezwungen sah.

Orientiert man sich an diesem Schema, so wird deutlich, welche Naivität in dem Triumph des Nolaners angesichts der Unendlichkeit seines Universums lag. In der traditionellen Astronomie galt das Sichtbarkeitspostulat, das als Gegenstand dieser Disziplin nur optisch bestimmbare Phänomene zuließ. Unter diesem Erfordernis ließen sich jetzt nicht einmal die strittigen Fragen klären, die sich auf im Sonnensystem nächstgelegene Objekte bezogen, wie das für den Kopernikanismus wichtige Problem der Veränderungen von Größe und Helligkeit der Venus sowie ihres Phasenwechsels. Für den, der von der Möglichkeit des so kurz bevorstehenden Fernrohrs noch keine Ahnung zu haben scheint, hätte die Konsequenz der Beschränkung der menschlichen Optik auf einen engen Ausschnitt der Natur und ihrer Phänomene eine bestürzende Wirkung haben müssen.

Der Gesichtspunkt der Entzweiung von Wirklichkeit und Sichtbarkeit läßt uns Brunos Dialog als Urkunde der Geschichte zwischen den zwei großen Möglichkeiten der Einstellung des Menschen zur Welt erfassen: er ist des Zutrauens in seine wohlversorgte Rolle in der Natur nicht mehr fähig, aber er hat das Vertrauen in seine

Fähigkeit, diese Rolle aus eigener Kraft und mit neuen Mitteln zu verändern, noch nicht gefunden, noch nicht artikuliert, noch nicht bestätigt.

VI

Wofür eigentlich ist Giordano Bruno an jenem 17. Februar 1600 auf dem Scheiterhaufen im römischen Campo di Fiore gestorben, wenn überhaupt für etwas und nicht nur infolge von etwas? Bertolt Brecht läßt im *Leben des Galilei* diesen zum Kurator der Universität Padua sagen: *Herrn Giordano Bruno haben Sie von hier nach Rom ausgeliefert. Weil er die Lehre des Kopernikus verbreitete.* Der Kurator bestreitet dies; Bruno sei ausgeliefert worden, *weil er kein Venezianer war*. Dieses Argument ist formaljuristisch zutreffend. Die Akten des Auslieferungsverfahrens nach der Verhaftung in Venedig sind erhalten; die des späteren römischen Prozesses, der zum Todesurteil führte, müssen als verloren angesehen werden. Sie wurden bei Gelegenheit des Rücktransportes der päpstlichen Archive, die Napoleon 1810 von Rom nach Paris hatte bringen lassen, vernichtet. Pius VII. hatte den Vorsteher der vatikanischen Archive, Mario Marini, mit der Rückführung beauftragt, die zwischen 1815 und 1817 durchgeführt wurde. Marini hielt die Akten des Heiligen Officium für wertlos und ließ sie mit der Erlaubnis des Kardinals Consalvi zerreißen, um sie als Altpapier an eine Pariser Fabrik zu verkaufen. Der Erlös, so wird berichtet, habe 4300 Franken betragen.

Wir sind jedoch nicht ganz ohne Kenntnis des römischen Prozesses. Angelo Mercati hat vor einem Vierteljahrhundert eine Niederschrift zugänglich gemacht, in der die Aktenlage des gesamten Prozesses, also sowohl des venezianischen als des römischen Verfahrens, zusammengefaßt worden war. Dieser ›Sommario‹ war schon einmal aufgefunden worden, und zwar um 1887 von Gregorio Palmieri, dem damaligen zweiten Vorsteher des vatikanischen Geheimarchivs. Leo XIII. verfügte jedoch, als er davon Kenntnis erhielt, daß dieses Dokument niemandem zugänglich gemacht werden dürfe. Die Niederschrift gelangte später in das persönliche Archiv Pius' IX., wo Mercati es am 15. November 1940 entdeckte.

Der Anlaß für diese Übersicht über die Aktenlage des Prozesses ist ersichtlich das Hinzukommen eines neuen Mitgliedes zum Tribunal, des Assessors Marcello Filonardi im Sommer 1597. Auf den dreißig Blättern des Manuskriptes ist der Gang des Prozesses zum Teil durch wörtliches Zitat aus den Akten, zum Teil durch Referat wiedergegeben. Auf die Originalakten ist durch entsprechende Verweisungen am Rande Bezug genommen, so daß sich ein Anhalt für deren Umfang und Aufbau gewinnen läßt. Wichtig ist dabei der Umstand, daß die venezianischen und römischen Verhöre Brunos, insgesamt siebzehn, durchlaufend gezählt werden; zumindest der Akte nach wurde also das römische Verfahren als Fortsetzung des venezianischen behandelt. Dem Kenner der venezianischen Protokolle wird alsbald deutlich, daß dort gründliche Arbeit geleistet worden war, denn neue Gesichtspunkte sind in den zehn römischen Verhören und in den Aussagen von fünf venezianischen Mitgefangenen kaum aufgetaucht.

Das erstaunliche Fazit ist auch hier, daß der Kopernikanismus Brunos nicht zur Substanz der gegen ihn erhobenen Anklagen gehörte. Unter den Artikeln taucht die These von der Ewigkeit der Welt auf; aber sie gehört bereits zum Grundbestand der mittelalterlichen Verurteilungen des averroistischen Aristotelismus und hat mit Kopernikus nichts zu tun. Auch die These von der Vielheit der Welten muß hier ausschließlich vom theologischen Kontext her gesehen werden, in dem es um eine Dogmatik geht, deren Grundbestände: Schöpfung, Schuldzusammenhang der Menschheit, Menschwerdung Gottes und Erlösung, die Einzigkeit der Welt, auf die sich diese Aussagen beziehen, implizieren. Für die geläufige Erwartung, daß Bruno ein Opfer vor allem seines kopernikanischen Enthusiasmus geworden sei, findet sich nur im letzten Punkt der Zusammenfassung eine schwache Stütze. Hier werden schriftliche Stellungnahmen referiert, in denen Bruno sich gegen solche Vorwürfe verteidigt, die seinen veröffentlichten Werken entnommen waren. Dabei ergibt sich, daß die These von der Bewegung der Erde zumindest aufgefallen war, ohne jedoch eine zentrale Bedeutung zu erlangen.

Man darf nicht vergessen, daß nach Ausweis der venezianischen Akten Bruno selbst derjenige gewesen war, der die kopernikanische These zur Sprache brachte: bei der Verteidigung des *Aschermittwochsmahls* sagt Bruno, er habe mit dieser Schrift den vorkopernikanischen Rückstand einiger Ärzte verspotten wollen. Das venezianische Tribunal hatte sich aber auf dieses Angebot eines Bruno selbst offenbar harmlos erscheinenden Nebenthemas nicht eingelassen, sondern war zur nächsten ›harten‹ Frage übergegangen, ob Bruno jemals ketzerischen Fürsten sein Lob habe zuteil werden lassen. Schon in Venedig war Bruno selbst auch auf die Pluralität der

Welten zu sprechen gekommen und dabei wiederum ohne Reaktion geblieben. Schließlich war in den Auslieferungsverhandlungen der Kopernikanismus Brunos überhaupt nicht erwähnt worden. Das Verfahren vor der römischen Inquisition muß Bruno wenigstens am Rande Gelegenheit gegeben haben, auf seiner kopernikanischen Überzeugung zu bestehen und die Vereinbarkeit der Erdbewegung mit der Bibel zu behaupten.

Der *Sommario* läßt nicht darauf schließen, daß der römische Teil des Verfahrens in Kernpunkten der geistigen Konstitution des Nolaners auf die Spur gekommen wäre; das Tribunal ist von derselben pedantischen Blindheit für die Zentrierung der Fragen, die es stellt, und für die Relevanz der Antworten, die so erbracht werden, wie Ketzergerichte zu allen Zeiten und in allen dogmatischen Systemen es sein müssen – es erfährt nichts. Versteckt unter den Beliebigkeiten der letzten Sammelrubrik der Aktenübersicht findet sich der metaphysische Obersatz aller Denkbewegungen Brunos. Er lautet: Gottes Wesen wäre endlich, wenn er nicht tatsächlich das Unendliche und unendlich Vieles hervorbrächte *(Natura dei est finita, si non producit de facto infinitum, aut infinita)*. Dieser Satz war es gewesen, der aus der kopernikanischen Verlegenheit des allzu großen Weltgebäudes den metaphysischen Triumph des absoluten Universums gemacht hatte, in dem die unendliche Macht allein die ihrer würdige und ihr adäquate Manifestation finden sollte. Im christlichen System aber war die Stelle dieser Selbstbezeugung bereits besetzt durch die Zeugung des Gottessohnes, an deren Rang keine Schöpfung heranreichen durfte. Die Behauptung von der Unendlichkeit der Welt und der Zahl der Welten war eine auf dieses

Zentrum der christlichen Dogmatik gerichtete Herausforderung: kein einzelnes Faktum, keine Welt, keine Person, kein Heilsereignis, durfte nach Brunos großer Prämisse für sich in Anspruch nehmen, die Macht und den Willen, die Fülle und die Selbstverschwendung der Gottheit darzustellen, zu enthalten, zu erschöpfen.

Die Grundfigur des christlichen Selbstverständnisses, die Überzeugung von der Einlassung Gottes auf die Singularität des Menschen im Universum, wird für Bruno zu dem fundamentalen Ärgernis, das ihn noch auf dem Scheiterhaufen dazu bestimmt, sich von dem ihm vorgehaltenen Crucifixus, dem christlichen Sanctissimum, abzuwenden. Es war der letzte Schritt auf dem Wege des Abbaus der Bilder, den nach dem Ausweis der venezianischen Akten der junge Mönch im Kloster von Neapel damit begonnen hatte, daß er die Bilder der Heiligen aus seiner Zelle entfernt und nur den Crucifixus dort geduldet hatte. Das hatte den ersten Verdacht auf den Mann gezogen, der die Bilderlosigkeit des Unendlichen schließlich doch nur mit den Metaphern des verleiblichten Gedankens auszusprechen wußte und der den Kampf der Weltsysteme in der Narrenszene des *Aschermittwochsmahls* vergegenwärtigte. Bruno war ein bewußter, ein konsequenter, nicht ein in den Konflikt hineingeschlitterter Ketzer wie Galilei; er hatte immer den auf das Zentrum des christlich-aristotelischen Systems bezogenen Konflikt gesucht. Bezeichnenderweise ist die Prozedur der Inquisition diesem Bestreben entgegengesetzt; sie sucht den Zusammenstoß an die Peripherie zu verlagern, den Gegner des Kultes der Heiligen und der Madonna herauszupräparieren, den Qerulanten und Nörgler an den Außenpositionen darzustellen. Unübertrefflich hat diese Tendenz der Depotenzierung des Konfliktes die beiläufige Notiz der *Avvisi di Roma* zwei Tage nach der Verbrennung zum Ausdruck gebracht: Bruno habe verschiedene Sätze gegen den Glauben mutwillig *(di suo capriccio)* aufgestellt und sich ebenso mutwillig wie hartnäckig der Todesfolge ausgesetzt.

Die unendliche Welt als Einheit einer Schöpfung gedacht, in der dem Menschen zwar keine Mitte mehr, wohl aber das Vorrecht seiner Einzigkeit gelassen geblieben wäre, hätte in Rom wahrscheinlich weniger auffälligen, weil kaum durchsichtigen Anstoß erregt als die Lehre von der Vielheit der Welten, die immer die ärgerliche Frage aufwerfen mußte, in welchem Verhältnis die Heilsgeschichte der Menschwerdung in dieser einen Welt zu der Heilsbestimmung gleichartiger Wesen in allen anderen Welten stehen konnte. So haben wir wenigstens eine Aktennotiz darüber, daß die Kongregation im März 1597 bei einer Aufsuchung des Gefangenen im Kerker diesen ausdrücklich ermahnt habe, sich von Wahnvorstellungen wie der verschiedener Welten zu trennen. Sollte hier für einen Augenblick doch die zentrale Thematik der Konfrontation der Kirche mit ihrem Ketzer Konturen gewonnen haben?

Die Aufklärung wird den Gedanken der Pluralität der Welten kultivieren; er gibt ihr die Möglichkeit, den Menschen und seine Welt gleichsam von außen zu betrachten und zu relativieren. Der Affekt des Nolaners für die Vielheit der Welten richtet sich gegen den provinziellen Bezugsrahmen der auf den Menschen zentrierten und das Universum zur bloßen Szenerie machenden Gottesgeschichte des Christentums. Die Geschichte des Menschen hatte ihre Proportion zur Geschichte des Universums verloren, so wie nach Kopernikus für die Erde die Auszeichnung eines einzigartigen kosmischen Ortes aufgehoben worden war. Der inneren Logik nach sind die unendlich vielen Welten schon die Antwort auf die unausweichliche Frage, die sich mit der Behauptung der Unendlichkeit des Weltraumes stellt und vor deren Abgrund sich Pascal im folgenden Jahrhundert in den Rückhalt des Glaubens flüchtet. Brunos Prinzip der Unerschöpflichkeit der Schöpfung läßt das Erschrecken vor der Leere des Raumes in keinem Augenblick aufkommen. Er hat die *réponse au vide*, die Valéry als elementare Einstellung des neuzeitlichen Menschen zum Raum beschreibt, schon vorweggenommen, denn die unendlich vielen Welten haben nicht, wie die der antiken Atomisten, den Charakter in sich eingekapselter Kosmoi, sondern den von emsigen Werkstätten der Metamorphosen des einen Weltstoffes. Aber wenn Bruno im dritten Dialog des *Aschermittwochsmahls* die Begründung seiner Unendlichkeitsthese auf die prägnanteste Formel von der auf unendliche Weise unendlichen Wirkung der unendlichen Ursache bringen läßt, wird die Reaktion des Gesprächspartners als vollendeter Schock beschrieben: *Er war verdutzt und sprachlos, als sähe er plötzlich ein Gespenst vor sich.*

Hans Blumenberg

DAS ASCHERMITTWOCHSMAHL

GESCHRIEBEN IN FÜNF DIALOGEN
FÜR VIER GESPRÄCHSPARTNER MIT DREI BETRACH
TUNGEN ÜBER ZWEI GEGENSTÄNDE

*Der einzigen Zuflucht der Musen,
dem erlauchten Michel de Castelnau,
Herrn von Mauvissière, Concressant und Jonville,
Ritter des Königlichen Ordens und Mitglied des
Geheimen Rates, Hauptmann über fünfzig Gardisten,
Gouverneur und Hauptmann von Saint
Dizier und Botschafter am Hofe
der Königin Englands.*

Die vollständige Absicht der
Dialoge ist in der Vorrede dargelegt

1584

DEM UNZUFRIEDENEN

Hat Dich mein zynisch' Zahn nun ganz durchbohret,
Beklag' Dich bei Dir selbst, elender Hund!
Vergebens drohst Du mir mit Stock und Schwert,
Wenn Du Dich nicht in acht nimmst, mich zu ärgern.

Mit Deinem Unrecht kamst Du mir zu nahe,
Das Fell zieh' ich Dir über beide Ohren.
Und sollt' dabei ich auch zugrunde gehn,
Die Schmach ist Dein und bleibt auf ewig stehn.

Hol' nackend nicht den Honig von den Bienen.
Beiß' nie, wenn Du nicht weißt, ob Stein, ob Brot,
Und geh' nicht ohne Schuhe Dornen säen!

Verachte, Fliege, nicht die Spinnenweben,
Bist eine Maus Du, folge nicht den Fröschen,
Und fliehe vor den Füchsen, Hühnerblut!

Und glaub' ans Evangelium,
Das allen laut verkündet:
Von unserem Feld wird einst die Strafe ernten,
Wer dort des Irrtums Samen streute aus.

EINLEITUNGS-
SCHREIBEN

an den erlauchten und hochwohlgeborenen
Herrn von Mauvissière,
Ritter des Königlichen Ordens, Mitglied des Geheimen
Rates,
Hauptmann über fünfzig Gardisten,
Generalgouverneur von Saint Dizier und Botschafter
Frankreichs in England

Hier biete ich Euch, mein Herr, kein majestätisches Mahl von Nektar und Ambrosia wie das des donnernden Zeus, kein sündiges Mahl wie das der ersten Menschen, kein geheimnisvolles, wie das des Ahasveros, kein üppiges wie das des Lukull, kein frevlerisches wie das Lykaons, kein tragisches wie das des Thyestes, kein qualvolles wie das des Tantalus, kein philosophisches wie das Platos, kein ärmliches wie das des Diogenes, kein winziges wie das der Blutegel, kein Bernisches wie das eines Erzbischofs von Povigliano, kein komisches wie das eines Bonifacio Candelaio[1]. Sondern ein Mahl, so groß und klein, so meisterhaft und schülerhaft, so gottlos und fromm, so fröhlich und verdrießlich, so herb und mild, so florentinisch-mager und bolognesisch-fett, so zynisch und sardanapalisch, so ausgelassen und ernst, so schwer und beschwingt, so tragisch und komisch, daß ich überzeugt bin, es wird Euch nicht an Gelegenheit mangeln, heroisch zu werden und schüchtern, Meister und Schüler, gläubig und ungläubig, fröhlich und traurig, melancholisch und jovial, erleichtert und beschwert, hündisch und hochsinnig, äffisch und würdevoll, Sophist mit Aristoteles und Philosoph mit Pythagoras, lachend mit Demokrit und weinend mit Heraklit. Ich will sagen, wenn Ihr mit den Peripatetikern gerochen, mit den Pythagoreern gegessen und mit den Stoikern getrunken habt, bleibt Euch immer noch etwas mit dem zu saugen übrig, der, als er die Zähne zeigte, ein so freundliches Lächeln aufsetzte, daß ihm der Mund bis an beide Ohren reichte. Denn wenn Ihr den Knochen zerschlagt und das Mark herauszieht, werdet Ihr auf Dinge stoßen, die selbst St. Colombini, den Gründer des Jesuaten-Ordens, liederlich machen würden, die das Treiben auf einem Markt erstarren lassen könnten, die selbst die Affen zum Lachen bringen und das Schweigen eines Kirchhofs brechen würden. Ihr werdet mich fragen: Was für ein Gelage, was für ein Mahl ist das? Ein Abendmahl. Was für ein Abendmahl. Ein Aschenmahl. Was heißt Aschenmahl? Wurde Euch etwa Asche zum Essen vorgesetzt? Kann man vielleicht hier sagen *cinerem tamquam panem manducabam*? Nein, sondern es ist ein Mahl, welches nach Sonnenuntergang am ersten Tag der Fastenzeit, den unsere Pfarrer *dies cinerum* oder auch Tag des *memento* nennen, stattfand. Worum geht es bei diesem Aschermittwochsmahl? Leider nicht um den Geist und die Taten des erlauchten und gebildeten Herrn Fulk Greville, in dessen vornehmen Hause man zusammenkam. Auch nicht um die feinen Sitten jener ehrenwerten Herren, die als Zuschauer und Zuhörer zugegen waren. Sondern darum, zu sehen, was für zwei Phantome, zwei Träume, Schatten und Viertagefieber die Natur hervorzubringen vermag. Und während Ihr auf den historischen Sinn der Schilderung achtet, ihn kaut und Euch schmecken laßt, stoßt Ihr auf teils geographische, teils rationale, teils moralische Topographien, sowie auf teils metaphysische, teils mathematische, teils naturphilosophische Spekulationen.

Inhalt des ersten Dialogs

Im ersten Dialog werden zwei Männer vorgestellt und gleichzeitig ihre Namen erklärt, wenn Ihr es nur richtig versteht. Zweitens wird um ihretwillen die Reihe der Zweizahl gefeiert. Drittens der lobenswerte Zustand der wiederentdeckten und wiederhergestellten Philosophie behandelt. Viertens gezeigt, wieviel Lob Kopernikus verdient. Fünftens werden die Früchte der Philosophie des Nolaners vorgeführt und dargelegt, welcher Unterschied zu anderen Philosophien besteht.

Inhalt des zweiten Dialogs

Im zweiten Dialog findet Ihr: Erstens den ursprünglichen Anlaß für das abendliche Mahl. Zweitens eine Beschreibung der Schritte und Wege, die man eher für poetisch oder gar allegorisch als für rein historisch halten wird. Drittens, wie sich der Verfasser in eine moralische Topographie verliert, wobei er mit Lynkeus-Augen um sich blickend (ohne sich deshalb lange aufzuhalten), nicht nur auf die großen Dinge achtet, sondern auch auf jede Kleinigkeit, und sei es ein Steinchen. Darin macht er es wie ein Maler, der sich nicht damit begnügt, das Geschehen in großen Zügen wiederzugeben, sondern, um das Bild auszufüllen und seine Kunst der Natur anzupassen, noch Steine, Berge, Bäume, Quellen, Flüsse und Hügel malt und hier einen königlichen Palast dazu setzt, daneben einen Wald, dort ein Stück Himmel, in einer Ecke ein Stückchen aufgehende Sonne, hier und dort einen Vogel, ein Schwein, einen Hirsch, einen Esel, ein Pferd, und von dem einen nur den Kopf, von dem anderen das Geweih, von dem nächsten ein Stück Hinterteil, von diesem die Ohren und von jenem die ganze Gestalt. Jedem verleiht er eine andere Gebärde und einen anderen Gesichtsausdruck, so daß zur größeren Zufriedenheit dessen, der das Bild betrachtet und beurteilt, die Figur (wie es heißt) ausgeschmückt wird. Lest nur den Dialog, und Ihr werdet sehen, was ich meine. Dieser gesegnete Dialog schließt mit der Ankunft im Hause des Herrn Greville, mit dem herzlichen Empfang und dem feierlichen Zutischesetzen.

Inhalt des dritten Dialogs

Der dritte Dialog ist (gemäß der Zahl der Behauptungen des Doktor Nundinio) in fünf Teile gegliedert. Der erste handelt von der Notwendigkeit der einen oder anderen Sprache. Der zweite erklärt, was Kopernikus wirklich sagen wollte, und bringt die Lösung eines gewichtigen Zweifels über die Himmelsphänomene. Er zeigt die Nichtigkeit aller bisherigen Bemühungen der Perspektiviker und Optiker, die Größe leuchtender Körper zu bestimmen, und bietet dafür eine neue und sichere Lehre. Der dritte zeigt, wie es um die Festigkeit der Weltkörper steht, und erklärt, daß das All unendlich ist, und daß es vergeblich sei, in ihm Mittelpunkt und Umfang zu suchen wie bei einem Einzelkörper. Der vierte Teil versichert, daß die Materie unserer Welt, d. h. des Erdballes, der Materie anderer Welten, d. h. der Körper der anderen Gestirne, entspricht, und daß es kindisch ist, jemals etwas anderes geglaubt zu haben. Er behauptet ferner, daß jene Körper lauter vernunftbegabte Wesen sind, und daß auf ihnen ebensoviele, ja unzählige einfache und zusammengesetzte Einzelwesen leben wie auf der Erde. Der fünfte zeigt anläßlich eines Argumentes, welches Nundinio schließlich vorbrachte, die Nichtigkeit zweier Überzeugungen, die neben ähnlichen Aristoteles und andere so blind gemacht haben, daß sie nicht mehr sahen, wie wahr und notwendig die Bewegung der Erde ist. Sie waren dadurch so gehemmt, daß sie die Erdbewegung nicht mehr für möglich halten konnten, wo doch, wenn man sie zugrundelegt, so viele Geheimnisse der Natur enthüllt werden, die bislang verborgen waren.

Inhalt des vierten Dialogs

Der vierte Dialog zeigt zunächst, wie man auf alle theologischen Gründe und Einwände antworten kann und wie sich beweisen läßt, daß unsere Philosophie der wahren Theologie entspricht und es wert ist, von den wahren Religionen gutgeheißen zu werden. Im restlichen Teil des Dialogs wird jemand vorgestellt, der weder disputieren noch richtig Fragen zu stellen vermochte. Da er jedoch unverschämter und arroganter war als Doktor Nundinio, hielten die Unwissenden ihn auch für gelehrter als diesen. Doch Ihr werdet sehen, daß alle Pressen der Welt nicht imstande wären, aus seinen Reden auch nur einen Tropfen herauszuquetschen, der Smith Anlaß zum fragen und Teofilo zum antworten hätte geben können. So muß man sich allein mit den Prahlereien des Prudenzio und den Ausfällen Frullas zufriedengeben. Es tut mir wirklich leid, daß der vierte Dialog diesen Teil enthält.

Inhalt des fünften Dialogs

Der fünfte Dialog ist (wie ich versichern kann) nur hinzugefügt, um unser abendliches Mahl nicht so nüchtern zu beschließen. Darin wird erstens bewiesen, daß die Körper ihren Bedürfnissen entsprechend in der Ätherregion verteilt sind, und gezeigt, daß die sogenannte achte Sphäre, der Fixsternhimmel, gar nicht so beschaffen ist, daß die uns an ihm sichtbaren leuchtenden Körper alle gleich weit vom Mittelpunkt entfernt sind. Vielmehr sind manche Sterne, die nahe beieinander zu liegen scheinen, in Wirklichkeit der Länge und Breite nach weiter voneinander entfernt als von der Sonne und der Erde. Zweitens, daß es nicht nur sieben Wandelsterne gibt, da wir nur an sieben Bewegung wahrnehmen, sondern, daß es aus eben diesem Grunde unzählige andere gibt, die von den wahren alten Philosophen nicht ohne Grund *aethera* genannt worden sind, d. h. Läufer; denn sie sind die Körper, die sich wirklich bewegen, und nicht die erdichteten Sphären. Drittens, daß diese Bewegung notwendig einem inneren Prinzip entspringt, nämlich der eigenen Natur und Seele der Körper. Diese Wahrheit zerstört viele Träume, sowohl hinsichtlich der aktiven Einwirkung des Mondes auf die Wasser und auf andere Arten von Säften, als auch hinsichtlich der Bewegung der anderen natürlichen Dinge, die ihr Bewegungsprinzip von außen zu haben scheinen. Viertens wendet sich der Dialog gegen jene Einwände, die auf einer törichten Ansicht über Schwere und Leichtigkeit der Körper beruhen, und beweist, daß jede natürliche Bewegung sich der kreisförmigen um den eigenen oder um einen anderen Mittelpunkt annähert. Fünftens wird gezeigt, wie notwendig es ist, daß unsere Erde und andere ähnliche Körper nicht nur eine, sondern mehrere verschiedene Bewegungen besitzen. Und es dürfen nicht mehr und nicht weniger als vier einfache sein, die sich alle in einer zusammengesetzten Bewegung vereinen. Dann wird erklärt, welches diese Bewegungen bei der Erde sind. Es folgt das Versprechen, das, was zur Vollendung der Philosophie des Nolaners noch aussteht, in anderen Dialogen nachzuholen, und der Dialog endet mit einer Beschwörung durch Prudenzio.

Ihr werdet erstaunt sein, mit welcher Kürze so gewichtige Dinge ausreichend behandelt werden. Wenn Ihr gelegentlich auf weniger Ernstes stoßt, welches, wie es scheint, die scharfe Zensur eines Cato zu fürchten hat, so laßt Euch nicht irre machen; denn es muß schon ein sehr blinder und törichter Cato sein, der nicht entdeckt, was in diesen Silenen verborgen ist. Findet Ihr auch sehr viele verschiedene Dinge aneinandergereiht, daß daraus keine einheitliche Wissenschaft zu werden scheint, sondern eher ein Gemisch von Dialog, Komödie, Tragödie, Poesie, Rhetorik, Lob, Tadel, Beweis und Lehre, teils physikalisch, teils mathematisch, teils moralisch, teils logisch – kurz und gut, daß es keine Wissenschaft gibt, die nicht darin vertreten ist, so bedenkt, mein Herr, daß es sich um einen historischen Dialog handelt, bei dem alle Anlässe, Schritte, Wege, Begegnungen, Gesten, Gefühle, Reden, Behauptungen, Antworten, alle richtigen und törichten Bemerkungen berichtet und der strengen Beurteilung durch jene vier Gesprächspartner überlassen werden, so daß nichts ohne Grund vorgetragen wird[2]. Bedenkt auch, daß sich kein müßiges Wort in ihm findet; denn überall sind Dinge von nicht geringer Bedeutung zu ernten und auszugraben, und vielleicht am meisten dort, wo es am wenigsten der Fall zu sein scheint. Was aber das An-der-Oberfläche-Liegende betrifft, so können diejenigen, welche uns den Anlaß zu diesem Dialog oder vielleicht auch zu dieser Satire und Komödie gegeben haben, nur vorsichtiger werden, wenn sie die Menschen nur nach ihren Gewändern und dem Schmuck, den sie tragen, einschätzen wollen. Die Zuschauer oder Leser, welche sehen, wie die anderen zurechtgewiesen werden, können auf deren Kosten lernen und zur Einsicht kommen. Diejenigen aber, welche selbst getroffen oder gestochen werden, öffnen vielleicht die Augen und erkennen ihre eigene Armut, Nacktheit und Unwürdigkeit. Dann können sie sich, wenn auch nicht aus Liebe, so doch wenigstens aus Scham bessern oder verhüllen, falls sie sich nicht bloßstellen wollen.

Sollte es Euch so scheinen, als träfen Teofilo und Frulla den Rücken einiger Leute zu hart und fest, so bedenkt, mein Herr, daß diese Tiere ein dickes Fell besitzen. Denn wären die Schläge hundertmal so hart, würden sie sich nicht darum scheren und sie nicht anders empfinden als Liebkosungen eines jungen Mädchens. Hoffentlich haltet Ihr mich nicht deshalb für tadelnswert, daß wir auf solchen Kleinigkeiten und solch unwürdigem Grund, wie diese Doktoren ihn uns geliefert haben, so gewichtige und würdige Gegenstände aufbauen. Doch Ihr wißt sicherlich, daß es ein Unterschied ist, ob man etwas als Fundament gebraucht oder es nur als Anlaß betrachtet. Die Fundamente müssen zwar der Größe, Beschaffenheit und Würde des Gebäudes angemessen sein, der Anlaß hingegen kann beschaffen sein wie er will, und oft sind die kleinen und unbedeutenden Dinge Samen großer und gewichtiger. Torheiten und Wahnwitz pflegen bedeutende Entschlüsse, Urteile und

Erfindungen hervorzubringen, ganz davon zu schweigen, daß Irrtümer und Vergehen schon oft zu weisen Gesetzen und zu Maßnahmen von großer Güte geführt haben.

Solltet Ihr den Eindruck haben, daß Farbgebung und Zeichnung nicht ganz naturgetreu sind, so liegt das daran, daß der Maler das Bild nicht aus dem Abstand und der Entfernung betrachten konnte, die die Künstler einzunehmen pflegen. Die Bildfläche war nicht nur seinem Gesicht und seinen Augen zu nahe, sondern er konnte auch keinen Schritt nach hinten oder zur Seite machen, ohne den Sturz zu fürchten, den der Sohn des berühmten Verteidigers von Troja getan hat. Doch nehmt dieses Gemälde so wie es ist, mit all dem, was sich darauf befindet; denn ich überreiche es Euch nicht, um Euch von dem zu unterrichten, was Ihr schon wißt, noch um Wasser in den schnellen Fluß Eures Urteils und Geistes zu gießen, sondern weil ich weiß, daß man gewöhnlich gerade die Abbildung und Darstellung der Dinge nicht verachtet, die man aus eigener Anschauung schon am besten kennt. Auch bin ich sicher, daß es Euch mehr auf das Gefühl der Dankbarkeit, mit dem ich Euch dieses Geschenk mache, ankommen wird, als auf die Gabe selbst. Euch ist diese Schrift gewidmet, die Ihr unserem Nolaner näher steht und ihm mit Wohlwollen und Gunst begegnet. Daher seid Ihr zum würdigsten Ziel unserer Ehrerbietung in diesem Lande geworden, in dem der Kaufmann ohne Gewissen und Glauben leicht zum Krösus wird, der Tüchtige, wenn er kein Geld besitzt, ebenso leicht zum Diogenes. Euch, der Ihr mit soviel Gastlichkeit und Freigebigkeit den Nolaner unter

Eurem Dach, an der höchsten Stelle Eures Hauses, aufgenommen habt. Hier würden, brächte dieses Land an Stelle der tausend grimmigen Riesen ebensoviele Männer vom Schlage eines Alexanders des Großen hervor, über fünfhundert diesem Diogenes einen Huldigungsbesuch abstatten. Doch die Sterne wollen es, daß Ihr der einzige seid, der ihm die Sonne wegnimmt, wenn sie (um ihn nicht noch ärmer zu machen als jenen kynischen Habenichts) überhaupt einmal einen direkten oder auch nur zurückgeworfenen Strahl in jenes Fensterchen sendet, welches Ihr kennt. Euch ist diese Schrift gewidmet, der Ihr in diesem Britannien die Majestät eines so großherzigen, gewaltigen und mächtigen Königs vertretet, der vom Herzen Europas aus die äußersten Enden der Welt von seinem Ruhme wiederschallen läßt, der, wenn er im Zorne bebt, dem Löwen aus tiefer Höhle gleich, den anderen mächtigen Räubern dieser Wälder tödliche Angst und Schrecken einjagt, wenn er aber ruht, solche Glut seines freigebigen und ritterlichen Geistes aussendet, daß er den nahen Wendekreis in Brand setzt, den eisigen Bären erwärmt und das Eis der arktischen Wüste zum Schmelzen bringt, die sich unter der ewigen Wache des grimmigen Bootes dreht. *Vale!*

ERSTER DIALOG

Gesprächspartner:
Smith · Teofilo, Philosoph · Prudenzio,
Pedant · Frulla

INSEL

2. Halbjahr 1981

Lou Andreas-Salomé, Clemens Brentano
Max Brod, Hans Carossa
Johann Wolfgang Goethe, Felix Philipp Ingold
Hans Jonas, Gerhard Kaiser
Marie Luise Kaschnitz, Dieter Kühn
Stanisław Lem, Hermann Lenz
John Matthews, Sophie Mereau
Karl Philipp Moritz, Guo Moruo, Elaine Pagels
S. Schoenbaum, William Shakespeare
Dolf Sternberger, Stefan Zweig

Die Insel, Das Insel-Buch zur Mitternacht
Deutsche Lieder, Weihnachten

Insel-Bilderbücher, Die schöne Insel-Karte
insel taschenbücher für Kinder
Das schöne insel taschenbuch, Insel Bibliothek
Hessen-Bibliothek

**Marie Luise Kaschnitz
Gesammelte Werke
in sieben Bänden**
*Herausgegeben von
Christian Büttrich
und Norbert Miller*

*Band 1:
Die frühe Prosa
Etwa 700 Seiten. Leinen.
ca. DM 68,–
Ldr. ca. DM 120,–*

*Band 2:
Die autobiographische Prosa. I
Etwa 700 Seiten. Leinen.
ca. DM 68,– Ldr. ca. DM 120,–*

Marie Luise Kaschnitz wäre 1981 achtzig Jahre alt geworden. Der Insel Verlag legt in diesem Jahr, sieben Jahre nach dem Tod der Dichterin, die beiden ersten Bände einer auf sieben Bände geplanten Ausgabe der *Gesammelten Werke* vor. Die Ausgabe umfaßt alle zu Lebzeiten erschienenen Bücher sowie die in Sammelbänden und Zeitschriften verstreuten Publikationen, dazu eine Anzahl unveröffentlichter Texte aus dem Nachlaß. Erst in der Ausgabe ihrer *Gesammelten Werke* werden der Reichtum, die innere Vielfalt und die oft beklemmende Aktualität dieses Werks auch für eine neue Lesergeneration erfaßbar.

**Johann Wolfgang Goethe
Jubiläumsausgabe in sechs
Bänden**
*Einmalige Sonderausgabe
in 100 000 Exemplaren
Aus Anlaß des 150. Todestages
am 22. März 1982
Herausgegeben vom Insel Verlag
Sechs Bände, gebunden
im Dekorüberzug.
Etwa 2400 Seiten. ca. DM 36,–*

Aus Anlaß des hundertfünfzigsten Todestages erscheinen aus Goethes beinahe unübersehbarem Werk in dieser als Vademecum gedachten Ausgabe die Dichtungen, die am meisten gewirkt haben und die als Kernbestand des noch für den heutigen Leser lebendigen Werks gelten können.
Der Inhalt der sechs Bände: Band 1: Gedichte; Band 2: Die Leiden des jungen Werther; Die Wahlverwandtschaften; Band 3: Wilhelm Meisters Lehrjahre, 1. Teil; Band 4: Wilhelm Meisters Lehrjahre, 2. Teil, Hermann und Dorothea, Das Märchen; Band 5: Iphigenie, Egmont, Tasso; Band 6: Faust I, Faust II.

**Johann Wolfgang Goethe
Sein Leben in Bildern und
Texten**
*Herausgegeben und mit einem
Vorwort versehen von
Christoph Michel
Gestaltet von Willy Fleckhaus
Mit Erläuterungen zu
ca. 500 Abbildungen,
einer Chronik, Register.
Etwa 380 Seiten. Leinen.
ca. DM 120,–
Subskriptionspreis ca. DM 98,–*

Zu Goethes 150. Todestag legt der Insel Verlag eine neue Bild-Biographie des Dichters vor. Sie folgt dem Prinzip der direkten Montage von Bild und Textzitat, wie es zuerst für die 1976 im Suhrkamp Verlag erschienene Freud-Biographie aufgestellt und in den Bänden *Bertolt Brecht* und *Hermann Hesse* fortgeführt wurde.

Johann Wolfgang Goethe
Die Wahlverwandtschaften
Mit Erläuterungen von Hans-J.
Weitz und einem Essay von
Walter Benjamin: ›Goethes
Wahlverwandtschaften‹
334 Seiten. Leinen.
ca. DM 28,–
Leder. ca. DM 68,–

Jens Peter Jacobsen
Niels Lyhne
Mit Illustrationen von Heinrich
Vogeler und einem Nachwort von
Fritz Paul
292 Seiten. Leinen. ca. DM 28,–
Leder. ca. DM 68,–

Die Insel

Monatsschrift mit Buchschmuck
und Illustrationen
Herausgegeben von Otto Julius
Bierbaum, Alfred Walter
Heymel und Rudolf Alexander
Schröder
Faksimile der von Oktober 1899
bis September 1902 erschienenen
Zeitschrift. Mit einem Begleitband
›Die ersten Jahre des Insel Verlags‹

Faksimile der drei Jahrgänge in
zwölf Quartalsbänden im Format
14 × 21 cm. In Kassette
Etwa 4450 Seiten. Begleitband
etwa 100 Seiten. Leinen.
ca. DM 480,–

Hessen-Bibliothek

Regionalbewegungen und Heimatdiskussionen deuten darauf hin, daß auch in der Bundesrepublik die Diskussion um die regionale Identität und Kultur der Bürger begonnen hat. Die Bundesländer betrachten sich immer weniger als rein administrative Einheiten, sie betonen ihre historische und politische Eigenständigkeit. Die *Hessen-Bibliothek* möchte zu dieser Entwicklung einen Beitrag leisten mit Büchern, die bisher vernachlässigte kulturelle, sozialgeschichtliche und politische Aspekte darstellen und analysieren sollen.

Hessisches Lesebuch
Herausgegeben von
Hans Herder
Etwa 520 Seiten. Leinen.
ca. DM 38,–

Politische Kultur und politisches System in Hessen
Herausgegeben von Jakob
Schissler
Etwa 420 Seiten. Leinen.
ca. DM 48,–

Rainer Fritz-Vietta
Stadterneuerung in Hessen
Etwa 400 Seiten. Leinen.
ca. DM 48,–

Ina-Maria Greverus /
Gottfried Kiesow /
Reinhard Reuter u. a.
Das hessische Dorf
Etwa 380 Seiten. Leinen.
ca. DM 48,–

Die schönen Insel-Bilderbücher

Bereits erschienen:
Das Buch zum Film von

Paul Grimault / Jacques Prévert
Der König und der Vogel
Vierfarbendruck
80 Seiten. Kartoniert. DM 14,80

Zum 100. Geburtstag Stefan Zweigs im November 1981

Stefan Zweig
Brasilien – Ein Land der Zukunft
Etwa 300 Seiten. Leinen.
ca. DM 36,–

Der Insel Verlag legt hiermit Stefan Zweigs unbekanntestes und meistgesuchtes Werk »Brasilien – Ein Land der Zukunft« seit mehr als vierzig Jahren wieder neu vor.

Es liegt an Zweigs Blick für das Charakteristische und Zukünftige, daß sich der größte Teil dieses Buches liest, als sei es heute geschrieben. In 16 Kapiteln, u. a. über die Geschichte Brasiliens, über den Kolonialismus, die Sklaverei, die Wirtschaft und Kultur des Landes, über den Siegeszug des Zuckerrohrs, der Baumwolle, des Gummis, des Tabaks und Kaffees und über den tückischen Virus des Diamanten- und Goldfiebers, glückt es ihm, ein Maximum an Information in so lebendiger Kausalität zu vergegenwärtigen, daß man nicht ein Sachbuch, sondern eine Novelle zu lesen meint.

Clemens Brentano/Sophie Mereau
Lebe der Liebe und liebe das Leben
Der Briefwechsel von Clemens Brentano und Sophie Mereau
Mit einer Einleitung
herausgegeben von Dagmar von Gersdorff. Mit zahlreichen Abbildungen
Etwa 350 S. Leinen. ca. DM 36,–

den Daten der Geschichte in derselben Freiheit umzugehen, die er auch den Erfahrungen gegenüber anwendet, die er in seinem persönlichen Leben macht.«
Aus dem Nachwort des Autors.

Die 1798 einsetzende Korrespondenz ist Zeugnis einer wechselvollen, durch Mißverständnisse zeitweilig unterbrochenen Freundschaft, wieder aufgenommen nur durch Clemens' beharrliche, drängende Briefe. Diese Briefe sind eindringliche Dokumente seiner Sprachgewalt; sie können Feuerwerke des Wortwitzes und Wortspiels sein, aber auch Belege von der Schwermut und Sensibilität des Außenstehenden. Diese Briefe sind mehr als private Mitteilungen, sie sind Aussagen von überindividuellem Rang, sind Selbstaussprache, Dialog, Lebensbekenntnis, und als solches der echteste, persönlichste Teil seines dichterischen Werks.

Lou Andreas-Salomé
Amor · Jutta · Die Tarnkappe
Drei Dichtungen
Hg.: Ernst Pfeiffer
Etwa 220 S. ca. DM 25,–

Guo Moruo
Kindheit
Aus dem Chinesischen von Ingo Schäfer
Etwa 230 S. ca. DM 28,–

Guo Moruo, 1892–1978, gilt zusammen mit Lu Xun als Wegbereiter der modernen chinesischen Literatur.
In der chinesischen Literaturgeschichte ohne Beispiel, bildet die Autobiographie Guo Moruos, des großen Schriftstellers und Historikers, *die* chinesische Autobiographie des zwanzigsten Jahrhunderts. Der westliche Leser gewinnt Einblicke in die Lebensumstände des alten China und findet dank der direkten Sprache, der Spontaneität der Mitteilung mühelos in die fremde Welt.

Elaine Pagels
Versuchung der Erkenntnis
Die gnostischen Evangelien
Mit Abbildungen
Etwa 220 Seiten. Leinen.
ca. DM 25,–

»Seit der Veröffentlichung der Schriftenrollen vom Toten Meer ist keine derart anspruchsvolle Sammlung von Dokumenten mehr erschienen, die – wie das vorliegende Buch – ein Licht auf die biblische Welt werfen ... Die Texte veranschaulichen die Kämpfe des frühen Christentums so folgerichtig, daß sie auch künftig noch lange die Gelehrten beschäftigen sollten.«
New York Times Book Review

Gerhard Kaiser
Gottfried Keller
Das gedichtete Leben
Etwa 740 Seiten. Leinen.
ca. DM 48,–

Kaisers Buch folgt sämtlichen Werken Gottfried Kellers; der Lyrik in übergreifenden Kapiteln, der Epik und dem Dramenfragment »Therese« in einzelnen Interpretationen, die minutiös und panoramisch in einem sind. Kaiser spürt in einer Art von wissenschaftlichem Detektivroman der Umformung seelischer Leiden in eine vielschichtig bewegte Kunstwelt nach. Er zeigt, wie sich im Krisenfeld individueller Erfahrung die psychischen und sozialen, die ökonomischen und politischen, die künstlerischen und die religiös-philosophischen Erschütterungen der Epoche sammeln und reflektieren.

John Matthews
Der Gral
Die Suche nach dem Ewigen
Aus dem Englischen von
Christoph Groffy
Mit 118 Abbildungen und
15 Farbtafeln. Gebunden.
96 Seiten. ca. DM 28,–

Schon in den frühesten Kultgegenständen der Menschheit ist das wohl wesentliche Geheimnis des Grals erkennbar: ein heiliges Gefäß, dem Macht innewohnt und das Wunder bewirken kann. Dies mag in der griechischen Mythologie der *krater*, der Mischkrug sein, der die Grundstoffe des Lebens enthält, oder jene Schädelbecher in östlichen Religionen. Der Gral läßt sich allgemein als der mütterliche Schoß deuten, der Leben hervorbringt. Im christlichen Glauben, der die Gralsgeschichten wesentlich prägte, symbolisiert er den Schoß Mariens, jenes himmlische Gefäß, in welchem Christus »Fleisch geworden ist«.
So ist Gral ein Symbol des erfüllten Lebens, und die Gralssuche kann als eine historische Form der Sehnsucht des Menschen nach letzter Erkenntnis und Erlösung angesehen werden.

Hans Jonas
Macht oder Ohnmacht der Subjektivität
Das Leib-Seele-Problem im
Vorfeld des Prinzips
Verantwortung
Etwa 145 Seiten. Leinen.
DM 24,–

Diese Studie entstand zunächst als ein Exkurs über die *Zwecke* und ihre Stellung im Sein, der in Jonas' weithin beachteten Versuch einer Ethik für die technologische Zivilisation, *Das Prinzip* gie enthält Texte von Thomas Bernhard, Max Frisch und Nikolai Gogol, Patricia Highsmith und Samuel Beckett, den Gebrüdern Jünger, von Franz Kafka, Marie Luise Kaschnitz, Antonio Machado, Robert Musil, Cesare Pavese, Arthur Rimbaud und vielen anderen.

Die ›Deutschen Lieder‹ jetzt wie die ›Deutschen Erzähler‹ in zwei Bänden

Deutsche Lieder
Texte und Melodien ausgewählt und eingeleitet von Ernst Klusen
Zwei Bände. 882 Seiten.
Gebunden. Zusammen DM 25,–

Ein Jahr nach dem Erfolg dieses »Hausbuches«:
für Weihnachten 1981 die zweite Auflage (51. bis 100. Tausend)

Weihnachten
Erzählungen aus alter und neuer Zeit
Ausgewählt von Gottfried Natalis
462 Seiten. Gebunden.
DM 24,–

Blumengewinde
Aus Vater Rosenfelds Lieblingslaube
Neudruck der 1830 in Leipzig bei Taubert erschienenen Ausgabe
Herausgegeben von Horst Kunze
Mit einem Nachwort von Heiner Vogel
141 Seiten. Pb. DM 28,–

Das allerneueste Pariser Koch-Buch
Neudruck der 1752 bei Amand König in Straßburg erschienenen Ausgabe
Herausgegeben von Manfred Lemmer. Mit einem Nachwort von Anneliese Schmitt
465 S. ca. DM 68,–

Das Ise-monogatari
Kavaliersgeschichten aus dem alten Japan
Aus dem Original übertragen, kommentiert und mit einem Nachwort versehen von Siegfried Schaarschmidt
Mit Illustrationen nach einer japanischen Ausgabe des frühen 17. Jahrhunderts und Erläuterungen zu den Bildern von Irmtraud Schaarschmidt-Richter

Etwa 200 S. Ln. ca. DM 36,–

Insel-Bibliothek

Einer Linie der Insel-Tradition: klassische Romane, Erzählungen und Gedichte in Einzelausgaben zu edieren, kommt die neue *Insel-Bibliothek* nach: mit jeweils vier Ausgaben im Halbjahr, flexibel gebunden, in Leinen und in Leder, fadengeheftet und mit Leseband, mit Titelprägung und in bedrucktem Schuber.

Joseph Freiherr von Eichendorff
Aus dem Leben eines Taugenichts
Mit Illustrationen von Adolf Schrödter und einem Nachwort von Ansgar Hillach
160 Seiten. Leinen. ca. DM 24,–
Leder. ca. DM 68,–

Gustave Flaubert
Drei Erzählungen /
Trois Contes
Zweisprachige Ausgabe. Neu übersetzt und herausgegeben von Cora v. Kleffens und André Stoll
Etwa 300 Seiten. Leinen.
ca. DM 28,–. Leder. ca. DM 68,–

**Die drei Reiche
Roman aus dem alten China**
*Aus dem Chinesischen von
Franz Kuhn*
it 585. ca. DM 14,– (IV)

**Brantôme
Das Leben der galanten Damen**
Mit zeitgenössischen Porträts
it 586. Etwa 750 Seiten. Zwei
Bände. ca. DM 20,– (IV)

**Rilkes Landschaft
In Bildern von Regina Richter zu
Gedichten von Rainer Maria
Rilke**
it 588. ca. DM 12,– (IV)

**E. T. A. Hoffmann
Nachtstücke**
*Mit einem Nachwort von
Lothar Pikulik*
it 589. ca. DM 12,– (IV)

**Leo N. Tolstoj
Krieg und Frieden**
*Aus dem Russischen von
Hermann Röhl
Mit Illustrationen von
Theodor Eberle*
it 590. Etwa 2200 Seiten. Vier
Bände. ca. DM 28,– (IV)

**Frans Masereel
Die Idee**
*83 Holzschnitte
Mit einer Einleitung von
Hermann Hesse*
it 591. ca. DM 8,– (IV)

**Washington Irving
Diedrich Knickerbockers
humoristische Geschichte der
Stadt New York**
*Mit Illustrationen von
Rudolf Peschel*
it 592. ca. DM 8,– (IV)

insel taschenbücher
für Kinder

**Monika Beisner
Das Sternbilder-Buch**
*Bilder von Monika Beisner
Nacherzählungen von Ingrid
Westerhoff*
it 587. ca. DM 7,– (IV)

**Jan Wahl / Byron Barton
Vom kleinen klugen Enterich**
*Geschichte von Jan Wahl
Bilder von Byron Barton
Aus dem Amerikanischen von
Ingrid Westerhoff*
it 593. ca. DM 7,– (IV)

*(Die römischen Ziffern in den Klammern geben das voraussichtliche
Erscheinungsquartal an)
Bitte fordern Sie den Prospekt Suhrkamp/Insel Taschenbücher an.*

Insel Verlag, Lindenstraße, Suhrkamp Haus, 6 Frankfurt 1

7/81 Preisänderungen vorbehalten (99694)

Johann Wolfgang Goethe
Lektüre für Augenblicke
Herausgegeben von
Gerhart Baumann
Etwa 224 Seiten. ca. DM 10,–

Alle Äußerungen Goethes vereinigen eine unerhörte Offenheit mit einer beispiellosen Gesetzlichkeit –, mit den Gesetzen seiner Person, die sich unbeirrbar ihren organischen und generellen Bindungen verpflichtet weiß. Die *Lektüre für Augenblicke* versucht einen Auszug aus der Wahrheit der Dichtung, aus Erfahrungen und Erfindungen dieses Geistes zu vermitteln, das Unvergleichliche seiner schöpferischen Natur vorzustellen. Entsprechungen wie Widersprüche umspannt dieser Entwurf, der sich keineswegs anmaßt, den ganzen Goethe auszufalten, immerhin jedoch ein Ganzes auszubilden, das angemessen seine Vielgestaltigkeit zu vertreten vermag.

Goethe's Werke
Vollständige Ausgabe letzter Hand. Erster bis Sechzigster Band einschließlich der Supplementbände. Mit dem Registerband Stuttgart und Tübingen, 1827–1842.
Originalgetreues Faksimile der Taschenausgabe in einundsechzig Bänden
Halbleder-Ausgabe
Einundsechzig Bände. Im Stil der Zeit von Hand in Halbleder gebunden. Die Bände tragen eine Rückenprägung nach zeitgenössischen Stempeln.
ca. DM 5800,–
Broschur-Ausgabe
Einundsechzig Bände. Gefalzte unbeschnittene Bogen in Interimsbroschur. ca. DM 2600,–

Insel Almanach auf das Jahr 1982
Johann Wolfgang Goethe
Zu Bildern
Herausgegeben von
Christoph Michel
und Isabella Kuhn
40 Abbildungen, darunter
4 im Vierfarbendruck
Mit einem Nachwort,
Erläuterungen
und einer Bibliographie.
Etwa 160 Seiten. Kart.
ca. DM 10,–

Eine Auswahl der Goetheschen Bilddeutungen legt der Insel Verlag in seinem Almanach auf das Jahr 1982 vor. Die Sammlung enthält Äußerungen über Gemälde, Zeichnungen und Druckgraphik in chronologischer Folge; unter anderem von: Hogarth, Claude Lorrain, Rembrandt, Elsheimer, Raffael, Mantegna, Tischbein, Klenze.

Hermann Lenz
Erinnerung an Eduard
Erzählung
Etwa 220 Seiten. Leinen.
DM 25,–

In den Ferien kehrt Eduard aus dem Tübinger Stift, wo er ohne sonderliche Neigung Theologie studiert, nach Ludwigsburg zurück.
Nestle, Ich-Person, Chronist dieses Buchs, leidet insgeheim darunter, nicht zu Eduards eigentlichen Intimi zu zählen. Er ist ein stiller Beobachter, ein seelisch Nachvollziehender. Und so wird ihm früher als den anderen bewußt, wie sehr die Begegnung mit dem statuarisch schönen, dunkelhaarigen somnambulen Schankmädchen Maria Meyer Eduard verändert hat.
Bekannte Eduards haben diese

Frau besessen und reden anzüglich über sie. Eduard aber unterhält eine Noli-me-tangere-Beziehung zu ihr, und erst als sie ihn zu zerrütten droht, flieht er unter der Obhut von Freunden. Über das Schicksal der Verlassenen will er lebenslang nicht unterrichtet werden. Aber in seinen Träumen nennt er sie *Peregrina*, und in seinen Gedichten auch. Denn der Eduard, über den Nestle so einfühlsam berichtet, heißt Mörike.

Stanisław Lem
Mehr phantastische Erzählungen
Herausgegeben von
Franz Rottensteiner
Etwa 400 Seiten. Gebunden.
ca. DM 20,–

Wie der vorhergehende Band *Die phantastischen Erzählungen* bietet diese Sammlung einen Querschnitt durch Lems erzählerisches Werk. Erneut begegnet der Leser den charakteristisch liebenswert-kauzigen, in sich versponnenen und der Welt häufig naivstaunend gegenüberstehenden Gestalten Lems.
Überquellende Phantasie und logische Folgerichtigkeit des Erzählens – diese scheinbar gegensätzlichen Eigenschaften kennzeichnen das Werk des phantastischen Fabulierers Stanisław Lem. Skurrile und groteske Einfälle, die der Autor Lem in seinen Erzählungen scheinbar mühelos in verschwenderischer Fülle ausschüttet, sind doch immer problembezogen und werden mit plastischer Kraft, Konsequenz und Logik auf ein klares Ziel hin erzählt.

Dieter Kühn
Herr Neidhart
Etwa 230 Seiten. Leinen.
ca. DM 28,–

Neidhart, den man früher »Neidhart von Reuental« nannte, wurde vor ungefähr 800 Jahren geboren; er starb um 1240. Über seine Herkunft wissen wir nichts. Er war ein fahrender Musiker, der vom Liedermachen und Liedersingen lebte.
Dokumente über Neidhart gibt es nicht, doch er hat eine Fülle von Liedern hinterlassen, in denen er zuweilen auch von sich selbst erzählt.
Ja, dieser Dichter hat mit seinen Liedern ungeheuren Erfolg gehabt; so groß war der Erfolg, daß er ihn noch gut drei Jahrzehnte überdauerte: Neidhart wurde zur Schwankfigur, über die zahlreiche Schwanklieder und mehrere Theaterstücke geschrieben wurden.

Max Brod
Der Meister
Roman. Etwa 450 Seiten.
Leinen. ca. DM 38,–

Dieses gewichtige Werk, »die beste Leistung Max Brods«, ist die Geschichte Jesu.
»Eine *Dichtung* und nicht etwa ein Werk, das den Anspruch macht, historische oder theologische Darstellung zu sein, wird hiermit der Öffentlichkeit übergeben.
Der Verfasser legt auf diesen Unterschied den größten Nachdruck. Er ist nämlich der Meinung, daß ein Dichter das Recht und somit, wenn er dem im Bereich der Dichtkunst waltenden Gesetz und nur ihm treulich folgt, auch die Pflicht habe, mit

Walter Schmögner
Das neue Drachenbuch
Text und Bilder von
Walter Schmögner
Vierfarbendruck
24 Seiten. ca. DM 16,–

Monika Beisner / Alison Lurie
Vom Salamander, der im Feuer lebt und anderen Fabeltieren
Bilder von Monika Beisner zu
Geschichten von Alison Lurie
Aus dem Amerikanischen von
Ingrid Westerhoff
Vierfarbendruck
Etwa 32 Seiten. ca. DM 16,–

Nicola Bayley / William Mayne
Mine und der Milchmann
Text von William Mayne mit
Bildern von Nicola Bayley
Aus dem Englischen von Ingrid
Westerhoff. Vierfarbendruck
32 Seiten. ca. DM 16,–

Jocelyne Pache / Elisabeth Borchers
Das Kinder-ABC
Mit Bildern von Jocelyne Pache,
Texten von Elisabeth Borchers
und Worterklärungen
Vierfarbendruck
Etwa 32 Seiten. ca. DM 9,80

Die schöne Insel-Karte

Sechs Tier-Bilder von Almut Gernhardt
6 Doppelkarten mit vierfarbigen
Reproduktionen im Geschenketui. ca. DM 5,–

Beseelte Blumen von Grandville
Sechs Doppelkarten mit
vierfarbigen Reproduktionen im
Geschenketui. ca. DM 5,–

insel taschenbücher

Richard Wagner
Die Meistersinger von Nürnberg
Herausgegeben von M. v. Soden
Mit zahlreichen Abbildungen
it 579. ca. DM 10,– (III)

Richard Wagner
Die Feen
Herausgegeben und kommentiert
von Michael von Soden und
Andreas Loesch
Mit zahlreichen Abbildungen
it 580. ca. DM 10,– (III)

Hans Carossa
Erinnerungen an Padua und Ravenna
it 581. ca. DM 12,– (III)

Johann Wolfgang Goethe
Wilhelm Meisters Wanderjahre oder die Entsagenden
it 575. ca. DM 12,–

Oscar Wilde
Gesammelte Werke in zehn Bänden
Herausgegeben von N. Kohl
it 582. Etwa 3300 Seiten.
ca. DM 98,– (IV)

Theodor Fontane
Vor dem Sturm
Roman aus dem Winter 1812 auf
13. Mit einem Nachwort von
Hugo Aust
it 583. ca. DM 14,– (IV)

Nikolai W. Gogol
Die Nacht vor Weihnachten
Mit farbigen Bildern von
Monika Wurmdobler
it 584. ca. DM 12,– (IV)

Verantwortung (Insel Verlag 1979), eingeschaltet werden sollte, ehe er sich, allein schon vom Umfang her, verselbständigte. Aber auch inhaltlich wurde der ursprüngliche Exkurs allmählich durch neue Argumente der theoretischen Physik um naturwissenschaftliche Dimensionen bereichert, die das dort gestellte Kausalitätsproblem – die Annahme einer echten Wechselwirkung zwischen Leib und Seele – durch die Mittel der Quantenmechanik ergänzen und verfeinern konnte.

Hans Carossa
Briefe
Dritter Band
Herausgegeben von Eva
Kampmann-Carossa
Band I: 335 Seiten. Leinen.
DM 48,–. Leder. DM 98,–
Band II: 562 Seiten. Leinen.
DM 48,–. Leder. DM 98,–
Band III: Etwa 700 Seiten.
Leinen. ca. DM 78,–.
Leder. ca. DM 128,–

Mit diesem dritten und umfangreichsten Band der Briefe Hans Carossas aus dem Zeitraum von 1937 bis zu seinem Tode im September 1956 findet unsere große, mehr als 1 500 Seiten umfassende Briefedition ihren Abschluß.

Dolf Sternberger
Panorama oder Ansichten vom 19. Jahrhundert
Schriften V. Etwa 280 Seiten.
Leinen. ca. DM 34,–

Vexierbilder des Menschen
Schriften VI. Etwa 280 Seiten.
Leinen. ca. DM 34,–

Auf die Bände der *Schriften,* die der politischen Theorie gewidmet sind, folgen nun zwei Bände mit historischen Arbeiten.

Karl Philipp Moritz
Werke in drei Bänden
Hg: Horst Günther
Jeder Band enthält Anmerkungen, Nachwort sowie ein Porträt, die Titelkupfer und sämtliche Illustrationen der Erstdrucke
Etwa 2 250 Seiten. Leinen.
ca. DM 98,–
Band I:
Autobiographische und poetische Schriften
Band 2:
Reisen, Schriften zur Kunst und Mythologie
Band 3:
Erfahrung, Sprache, Denken

Im Herbst des vergangenen Jahres erschien der Karl Philipp Moritz gewidmete Insel Almanach auf das Jahr 1981. Er gilt als Vorbote auf das Jahr eines Jubiläums: des 225. Geburtstags von Karl Philipp Moritz, als Ankündigung einer Ausgabe in drei Bänden, der ersten Ausgabe seiner Werke, die es je gab.
Ein kleines Jubiläum – Anlaß zu einer großen Entdeckung.

S. Schoenbaum
William Shakespeare
Eine Dokumentation
Deutsch von Friedrich Polakovics
Etwa 500 Seiten. Leinen.
ca. DM 78,–

Im Jahre des 365. Todestages des Dichters stellt der Insel Verlag mit der Dokumentation S. Schoenbaums eine Biographie besonderer Art vor, die Destillation und Synthese aller bisher bekannten Fakten und Deutungen, gründlicher und umfassender als die zahllosen Darstellungen der Vergangenheit.

Geschenkausgabe

**William Shakespeare
Die großen Dramen, Tragödien, Historien und Komödien
in zehn Bänden**
*Ausgewählt, nach den
Erstdrucken neu übersetzt und
erläutert von Rudolf Schaller
Geschenkausgabe mit
Dekorüberzug im
Schmuckschuber
2744 Seiten. ca. DM 78,–*

Unter den Werken der Weltliteratur, die die deutsche Kultur am nachhaltigsten beeinflußt haben, stehen die Dramen Shakespeares sicherlich an erster Stelle. Wir lesen sie aber gewöhnlich in der jetzt veralteten Übersetzung von Schlegel und Tieck.

Das historische Verdienst Schlegels, der beiden Tiecks und Baudissins um die Einbürgerung des großen Engländers im deutschen Geistesleben steht ganz außer Frage. Aber man darf die Bemühungen zweier Jahrhunderte um ein besseres Verständnis und eine noch getreuere Übertragung von Shakespeares Meisterwerken nicht übersehen.

So sind deshalb in den vergangenen Jahrzehnten neue Übertragungen der Dramen Shakespeares unternommen worden. Aber nur die jüngste der allein schon durch ihren Umfang bedeutenden Ausgabe neuer Übersetzungen, die des in Halle geborenen, seit 1941 in Schwerin wohnenden Schriftstellers und Publizisten Rudolf Schaller, scheint wirklich imstande, das klassische Werk von Schlegel und Tieck zu ersetzen. Sie beruht auf durchdringender Kenntnis der textlichen Grundlagen und der wissenschaftlichen Kritik der letzten zwei Jahrhunderte.

**Felix Philipp Ingold
Dostojewskij und das Judentum**
*Essay. Etwa 200 Seiten. Leinen.
DM 28,–*

Gegenüber der bisherigen Kritik, welche Dostojewskij meist vorbehaltlos des Antisemitismus bezichtigt hat, ohne nach kulturhistorischen Zusammenhängen und nach den spezifisch russischen Prämissen seiner angeblich »judenfeindlichen Phantasien« zu fragen, wird nun hier eine differenziertere, auf wenig bekannte Materialien abgestützte und nicht zuletzt auch stilistische Analysen miteinbeziehende Untersuchung angestrebt, die Dostojewskijs Verhältnis zur Geistes- und Glaubenswelt der russischen Judenschaft als eine zwiespältige, von »Unschuld« und »Zynismus« gleichermaßen geprägte *Affinität* auszuweisen unternimmt.

Das Insel-Buch zur Mitternacht
*Ausgewählt von Rainer
Malkowski
Etwa 300 Seiten. Leinen.
ca. DM 24,–*

»Die Mitternachts-Stunde«, heißt es im Großen Brockhaus von 1955 (!), »gilt häufig als die günstigste Zeit für Geisterbeschwörungen, Zauberei und Spukwesen.« Was ist das also, ein Buch zur Mitternacht?
Nicht alle Beiträge sprechen vom Nicht-Geheuren, führen ins dämonisch Labyrinthische und in den unaufhaltsam wie Wasserflut sich ausbreitenden Schrecken.
Bloch, Dostojewski, Eliade – das sind nur drei der insgesamt siebenunddreißig Autoren, von denen Prosastücke und Gedichte im *Insel-Buch zur Mitternacht* versammelt sind. Die Antholo-

SMITH Sprachen sie gut Latein?
TEOFILO Ja.
SMITH Ehrbare Leute?
TEOFILO Ja.
SMITH Von gutem Ruf?
TEOFILO Ja.
SMITH Gelehrt?
TEOFILO So leidlich.
SMITH Wohlerzogen, höflich, gesittet?
TEOFILO Nur allzu mäßig.
SMITH Doktoren?
TEOFILO Ja und ob, mein Herr, und was für welche! Ich glaube, aus Oxford.
SMITH Fähige Leute?
TEOFILO Wie sollten sie nicht? Ausgesuchte Männer in samtenem Doktorgewand. Der eine trug zwei leuchtende goldene Ketten um den Hals, und der andere (bei Gott) mit seiner kostbaren Hand (an der auf zwei Fingern zwölf Ringe steckten) sah aus wie ein steinreicher Juwelier, der einem bei jeder Handbewegung Augen und Herz übergehen ließ.
SMITH Hatten sie Geschmack am Griechischen?
TEOFILO Und am Bier *eziamdio*.
PRUDENZIO Hör' mit diesem *eziamdio* auf. Das ist ein ungebräuchliches und veraltetes Wort.
FRULLA Schweigt, Meister, er spricht nicht mit Euch.
SMITH Wie sahen sie aus?
TEOFILO Der eine wie der Stallmeister der Riesin und

des Wilden Mannes, der andere wie der Stellvertreter der Göttin der Würde.

SMITH Es waren also zwei?

TEOFILO Ja, zwei ist nämlich eine mystische Zahl.

PRUDENZIO Zum Zeugen gehören zwei.

FRULLA Was meint Ihr hier mit ›zeugen‹?

PRUDENZIO Zeugen und Prüfer natürlich der Fähigkeiten des Nolaners. *At me hercle,* warum habt Ihr gesagt, Teofilo, die Zwei sei eine mystische Zahl?

TEOFILO Weil es zwei erste Zuordnungen gibt, wie Pythagoras sagt: endlich und unendlich, gebogen und gerade, rechts und links usw. Zwei Arten von Zahlen gibt es: gerade und ungerade, die einen männlich, die anderen weiblich. Zweierlei Liebe gibt es: die hohe und göttliche, die niedere und gemeine. Zwei Lebensäußerungen gibt es: erkennen und begehren. Zwei deren Gegenstände: das Wahre und das Gute. Zwei Arten der Bewegung gibt es: die geradlinige, durch welche die Körper ihrer Erhaltung zustreben, und die kreisförmige, durch welche sie sich erhalten. Zwei Wesensprinzipien der Dinge gibt es: Materie und Form. Zwei spezifische Differenzen der Stoffe: dünn und dicht, einfach und gemischt. Zwei erste Gegensätze und aktive Prinzipien: das Warme und das Kalte. Zwei erste Erzeuger der natürlichen Dinge: Sonne und Mond.

FRULLA Ich will die genannten Paare durch eine andere Zweierreihe ergänzen. Die Tiere bestiegen die Arche Noahs zu zweit und verließen sie auch wieder zu zweit. Zwei erste Tierkreiszeichen gibt es: *Aries* und *Taurus*. Zwei Arten des *Nolite fieri*: Pferd und Maulesel. Zwei Tiere nach dem Bilde und der Art des Menschen: der Affe auf der Erde und der Nachtkauz in der Luft.

Zwei falsche Reliquien aus Florenz gibt es, die man hierzulande verehrt: die Zähne des Sassetto und der Bart des Pietruccia. Zwei Tiere sind es, von denen der Prophet sagt, sie hätten mehr Verstand als das Volk Israel: der Ochse, denn er kennt seinen Besitzer, und der Esel, denn er findet zur Krippe seines Herrn. Zwei geheimnisvolle Reittiere unseres Erlösers gibt es, die das alte hebräische Volk und die neuen heidnischen Völker bedeuten: die Eselin und das Füllen. Zwei die davon abgeleiteten Namen des Sekretärs des Augustus: Asinius und Pollio. Zwei Arten von Eseln gibt es: zahme und wilde. Zwei ihrer häufigsten Farben: grau und schwarz-braun. Zwei Pyramiden gibt es, auf denen die Namen unserer beiden und ähnlicher Gelehrter niedergeschrieben und verewigt werden sollten: das rechte Ohr des Reittiers des Silen und das linke Ohr des Feindes des Gartengottes.

PRUDENZIO *Optimae indolis ingenium, enumeratio minime contemnenda.*

FRULLA Es gereicht mir zur Ehre, mein Herr Prudenzio, daß Ihr meine Rede gutheißt, da Ihr klüger seid als die Klugheit selbst, denn Ihr seid die Klugheit *masculini generis.*

PRUDENZIO *Neque id sine lepore, et gratia.* Nun denn, *isthaec mittamus encomia. Sedeamus quia, ut ait Peripateticorum princeps, sedendo et quiescendo sapimus:* und so wollen wir unseren Tetralog über den Erfolg der Unterredungen des Nolaners mit Dr. Torquato und Dr. Nundinio bis zum Sonnenuntergang fortsetzen.

FRULLA Ich möchte gern wissen, was Ihr unter ›Tetralog‹ versteht.

PRUDENZIO Ich sagte Tetralog, *id est quatuorum sermo,* so wie Dialog *duorum sermo* bedeutet, Triolog *trium sermo* und so weiter, wie Pentalog, Heptalog und andere, die alle fälschlich Dialog genannt werden. Zwar sind einige der Meinung, Dialog komme von *diversorum logi*, aber es ist unwahrscheinlich, daß die Griechen, von denen dieses Wort stammt, die Vorsilbe ›di‹, *pro capite illius latinae dictionis ›diversum‹* verwandt haben.

SMITH Ich bitte Euch, Meister, lassen wir diese grammatischen Spitzfindigkeiten und kommen zur Sache.

PRUDENZIO *O seclum*, Ihr scheint mir wenig auf die schönen Wissenschaften zu geben[3]. Wie können wir einen guten Tetralog führen, ohne zu wissen, was das Wort Tetralog bedeutet, und, *quod peius est*, in dem Glauben, es sei ein Dialog? *Non ne a difinitione et a nominis explicatione exordiendum*, wie uns Cicero lehrt?

TEOFILO Herr Prudenzio, Ihr seid allzu klug. Lassen wir doch bitte diese grammatikalischen Erörterungen. Bedenkt, daß unser Gespräch ein Dialog ist, denn sind wir auch vier Partner, so bilden wir doch nur zwei Gruppen, um jeweils vorzutragen und zu antworten, zu beweisen und zuzuhören. Um nun den Anfang zu machen und alles der Reihe nach zu berichten, kommt, o Musen, und inspiriert mich. Doch nicht Euch rufe ich an, Musen vom Helikon, die Ihr in geschwollenen und stolzen Versen sprecht; denn ich fürchte, Ihr könntet Euch am Ende über mich beklagen, wenn Ihr nach langer und mühseliger Wanderung, nach Überquerung so gefährlicher Meere und nach Bekanntschaft mit so rauhen Sitten, bald barfuß und nackt zurückkehren müßtet, da hier Fremde nicht gut bewirtet werden. Ganz davon zu schweigen, daß Ihr nicht nur Fremde seid, sondern auch jenem Volke angehört, von dem ein Dichter sagte:

Nie war ein Grieche je von Bosheit frei.

Überdies kann ich mich nicht in etwas verlieben, was ich nicht sehe. Ganz andere halten meine Seele gefangen. Euch andere rufe ich an, anmutige, artige, geschmeidige, zarte, junge, schöne, liebliche Geschöpfe mit blondem Haar, blassen Wangen, roten Bäckchen, saftigen Lippen, göttlichen Augen, glatten Brüsten und diamantenen Herzen, Euch, für die ich so viele Gedanken wälze, so viele Gefühle hege, so viele Leidenschaften habe, so viele Tränen vergieße, so viele Seufzer ausstoße und so viele Flammen aus dem Herzen sprühe, zu Euch, Musen Englands, spreche ich: Inspiriert mich, beseelt mich, erwärmt, entzündet mich, löst mich auf und laßt mich nicht nur mit einem kleinen, feinen, gedrängten, kurzen und bündigen Epigramm hervortreten, sondern mit einer reichen und weiten Ader langer, strömender, kräftiger und derber Prosa. Nicht wie aus einem engen Rohr, sondern wie aus einem breiten Kanal soll meine Rede fließen. Du aber, meine Mnemosyne, unter dreißig Siegeln verborgen und eingeschlossen im finsteren Kerker der Schatten der Ideen, raune mir ein wenig ins Ohr.

Kürzlich kamen zum Nolaner zwei Abgesandte eines adligen Herrn vom Hofe und ließen ihn wissen, jenem sei sehr an einer Unterhaltung mit ihm gelegen, um seinen Kopernikus und andere Paradoxe seiner neuen Philosophie kennenzulernen. Worauf der Nolaner ihnen entgegnete, er sähe weder mit den Augen des Kopernikus, noch mit denen des Ptolemäus, sondern mit seinen eigenen, zumindest soweit es das Urteil und die Folgerungen betreffe. Was dagegen die Beobachtungen angehe, so wisse er wohl, daß er diesen und anderen tüchtigen Mathematikern viel verdanke, die im Laufe der

Zeit Licht an Licht reihend, uns hinreichende Prinzipien an die Hand gegeben haben, die uns ein eigenes Urteil ermöglichen, das erst nach langen Mühen vieler Generationen entstehen konnte. Er fügte hinzu, jene seien in Wirklichkeit wie Übersetzer, die lediglich die Worte aus einer Sprache in die andere übertragen. Aber erst die anderen sind es, die dann tiefer in den Sinn der Worte eindringen[4]. Sie gleichen jenen einfachen Soldaten, die die Bewegungen und den Ablauf eines Gefechtes später einem Hauptmann berichten, ohne daß sie die Gründe und die Strategie, die zum Siege führten, verstanden haben. Der Hauptmann aber versteht es wohl, da er erfahren und in der Kriegskunst bewandert ist. So sprach zur thebanischen Manto, die sehen konnte, aber nicht begreifen, Tiresias, der blinde, aber göttliche Seher:

Visu carentem magna pars veri latet,
Sed quo vocat me patria, quo Phoebus sequar,
Tu lucis inopem gnata genitorem regens,
Manifesta sacri signa fatidici refer.

Ebenso geht es uns, denn wie könnten wir urteilen, wenn die Erscheinungen der höheren und niederen Himmelskörper nicht in zahlreichen und verschiedenen Aufzeichnungen festgehalten und uns vor die Augen der Vernunft gestellt worden wären? Gewiß gar nicht. Doch nachdem wir einmal den Göttern, den Spendern aller Gaben, die vom ersten, unendlichen und allmächtigen Licht ausgehen, unseren Dank abgestattet, und den Fleiß jener selbstlosen Geister gewürdigt haben, erkennen wir deutlich, daß wir die Augen offenhalten müssen für das, was sie beobachtet und gesehen haben, daß wir aber nicht dem zustimmen dürfen, was sie gedacht, verstanden und entschieden haben.

SMITH Seid bitte so gut und sagt mir, was Ihr von Kopernikus haltet.

TEOFILO Er besaß einen ernsten, geschulten, tätigen und reifen Geist und ist keinem Astronomen, der vor ihm lebte, unterlegen, wenn auch Kopernikus in der zeitlichen Reihenfolge an letzter Stelle steht. An natürlichem Urteilsvermögen übertrifft er bei weitem Ptolemäus, Hipparch, Eudoxus und all die anderen, die in ihren Spuren gewandelt sind. Er hat sich nämlich von einigen falschen Voraussetzungen der gemeinen Philosophie, um nicht zu sagen Blindheit, freigemacht. Doch mehr auf die Mathematik als die Natur bedacht, hat er sich nicht genügend von den falschen Voraussetzungen gelöst und konnte nicht so in die Tiefe dringen, um die abwegigen und leeren Prinzipien mit den Wurzeln auszurotten. Denn nur auf diese Weise wäre es ihm gelungen, alle Schwierigkeiten vollkommen zu beseitigen und sich und andere von diesen nutzlosen Nachforschungen zu befreien und die Betrachtung auf die sicheren und beständigen Dinge zu lenken. Doch wer vermöchte trotz alledem die Großmut dieses Deutschen in vollem Maße zu würdigen, welcher ohne Rücksicht auf die törichte Menge sich so fest gegen den Strom der gegenteiligen Überzeugung gestellt hat? Fast ohne neue Gründe zu besitzen, hat er jene mißachteten und verrosteten Bruchstücke, deren er aus der Antike habhaft werden konnte, wieder aufgegriffen und durch seine mehr mathematische als naturphilosophische Betrachtungsweise so weit aufgeputzt, zusammengefügt und gefestigt, daß die schon lächerliche, verworfene und verachtete Sache wieder zu Ehren und Ansehen gelangte und wahrscheinlicher wurde als ihr Gegenteil, sicherlich aber einfacher und geeigneter für die Theorie und Berechnung der Himmelsbewegungen. Wenn dieser Deutsche auch nicht genügend Mittel besaß, dem Irrtum nicht nur Widerstand zu leisten, sondern ihn auch vollends besiegen und unterdrücken zu können, so hat er sich doch entschieden und offen dazu bekannt, daß man schließlich notwendig zu dem Schluß gelangen müsse, es bewege sich eher unser Erdball gegenüber dem Universum, als daß die Gesamtheit der unzähligen Körper, von denen viele erhabener und größer sind als die Erde, diese als Mittelpunkt und Grundlage ihrer Umdrehungen und Einflüsse anzuerkennen habe, der Natur und der Vernunft zum Trotz, da sie mit höchst offenkundigen Bewegungen nachdrücklich das Gegenteil bezeugen. Wer könnte dabei noch die Bemühungen des Mannes mißachten und all das vergessen, was er vollbracht hat, von den Göttern dazu bestimmt, wie die Morgenröte der aufgehenden Sonne der wahren alten Philosophie vorauszugehen, die so viele Jahrhunderte lang in den finsteren Höhlen der blinden, boshaften, dreisten und neidischen Unwissenheit verborgen lag? Wer wollte ihn lediglich danach einschätzen, was er nicht zu vollbringen vermochte, und ihn zu der gemeinen Menge zählen, die blindlings den Verkündern einer rohen und nichtswürdigen Lehre nachläuft? Wer wollte ihn nicht zu denjenigen rechnen, deren Geist vom Auge der göttlichen Vernunft sicher geleitet sich aufrichten und emporschwingen konnte?

Was soll ich nun vom Nolaner sagen? Sollte ich ihn vielleicht nicht loben dürfen, weil er mir so nahe steht wie ich mir selbst? Sicherlich wird kein vernünftiger Mensch mich deswegen tadeln, zumal es manchmal nicht nur erlaubt, sondern sogar geboten ist, wie der gewandte und gebildete Tansillo so trefflich gesagt hat[5]:

> Wenn jemand, der nach Ruhm und Ehre strebt,
> Auch niemals von sich selber sprechen darf,
> Weil man ihm keinen Glauben schenken kann,
> Sobald sein Herz für seine Sache schlägt,
> So scheint es manchmal doch wohl angebracht,
> Daß jemand zu dem eigenen Ruhme spricht,
> Sei es, um eigenen Tadel zu vermeiden,
> Sei es, um einem anderen zu helfen.

Doch sollte jemand so hochmütig sein, Eigenlob oder so etwas wie Eigenlob unter keinen Umständen zu dulden, so sei ihm gesagt, daß Eigenlob sich manchmal nicht von gegenwärtig errungenen Erfolgen trennen läßt. Wer wollte Apelles dafür tadeln, daß er bei der Ausstellung seiner Werke einem, der danach fragt, antwortet, sie stammen von ihm? Wer wollte es Phidias verübeln, daß er dem, der sich nach dem Schöpfer der großartigen Skulptur erkundigt, antwortet, er sei es selbst? Damit Ihr nun die Bedeutung des Nolaners ermessen könnt, hört folgenden Vergleich, dessen Richtigkeit Ihr sehr bald wohl einsehen werdet: Wenn der alte Tiphys gepriesen wird, das erste Schiff gebaut zu haben und mit den Argonauten übers Meer gefahren zu sein:

> *Audax nimium, qui freta primus,*
> *Rate tam fragili perfida rupit:*
> *Terrasque suas post terga videns,*
> *Animam levibus credidit auris;*

wenn in unseren Tagen Columbus verherrlicht wird als der, von dem so lange Zeit vorher geweissagt wurde:

> *Venient annis*
> *Secula seris, quibus Oceanus*

Vincula rerum laxet, et ingens
Pateat tellus, Tiphysque novos
Detegat orbes, nec sit terris
Ultima Thule;

was soll man dann von dem sagen, der entdeckt hat, wie man zum Himmel steigt, den äußersten Sternenkreis durchschreitet und die oberste Wölbung des Firmaments hinter sich läßt? Jene Tiphys haben den Weg gefunden, den Frieden anderer zu stören, die heidnischen Gottheiten der Länder zu entweihen, zu vermischen, was eine umsichtige Natur getrennt hat, durch Handel die Mängel der Menschen zu verdoppeln und die Laster des einen Volkes um die des anderen zu vermehren, mit Gewalt neue Torheiten zu verbreiten und die unerhörten Narrheiten dorthin zu verpflanzen, wo es sie noch nicht gab, und am Ende den Stärkeren als den Klügeren auszugeben. Sie haben den Menschen neue Wege, Werkzeuge und Künste gewiesen, sich gegenseitig zu unterdrücken und umzubringen. Dank solcher Taten wird einst die Zeit kommen, wo die anderen Völker, aus eigenem Schaden klug, durch den Wechsel im Lauf der Dinge in die Lage versetzt werden, uns die Folgen dieser verderbenbringenden Erfindungen in gleicher oder schlimmerer Form heimzuzahlen.

Candida nostri secula patres
Videre procul fraude remota:
Sua quisque piger littora tangens,
Patrioque senex fractus in arvo
Parvo dives: nisi quas tulerat
Natale solum non norat opes.

Bene dissepti faedera mundi
Traxit in unum Thessala pinus,
Iussitque pati verbera pontum,
Partemque metus fieri nostri
Mare sepositum.

Der Nolaner hat, um genau das Gegenteil zu erreichen, den menschlichen Geist und die Erkenntnis befreit, die in dem engen Kerker der irdischen Lufthülle eingeschlossen waren und aus dem sie nur wie durch schmale Schlitze die entferntesten Sterne erblicken konnten. Dem Geist waren die Flügel gestutzt, damit er sich nicht aufschwingen und den Wolkenschleier zerreißen könne, um das zu schauen, was sich dahinter in Wahrheit befindet, und sich von den Hirngespinsten derjenigen zu befreien, die, kaum dem Schlamm und den Erdhöhlen entkommen, vom Himmel herabgestiegenen Merkuren und Apollen gleich, durch vielfältige Täuschung die ganze Welt mit unendlichen Torheiten, Roheiten und Lastern erfüllt haben, als seien es lauter Tugenden und göttliche Lehren. Sie haben dabei jenes Licht ausgelöscht, das die Geister unserer antiken Vorfahren göttlich und heroisch machte, und sie haben die finstern Nebel der Sophisten und Esel gutgeheißen und verstärkt. Daher wendet sich die schon so lange unterdrückte menschliche Vernunft, die manchmal im Augenblick der Erleuchtung ihren erbärmlichen Zustand beklagt, an den göttlichen und sorgenden Geist, dessen Stimme sie stets im Inneren vernimmt, mit solchen Worten:
Wer steigt für mich, Madonna, auf zum Himmel,
Und bringt zurück mir den verlorenen Verstand?

Da kam der Nolaner und hat die Lufthülle hinter sich gelassen, ist in den Himmel eingedrungen, hat die Sterne durchmessen, die Grenzen der Welt überschritten und die erdichteten Mauern der ersten, achten, neunten, zehnten und weiteren Sphären zerstört, die törichte Mathematiker und das blinde Sehen gemeiner Philosophen noch hätten hinzufügen wollen[6]. So hat er für jeden, der Sinn und Verstand besitzt, mit dem Schlüssel unermüdlicher Nachforschung diejenigen Hallen der Wahrheit geöffnet, die sich überhaupt von uns öffnen lassen. Er hat die bedeckte und verschleierte Natur entblößt, den Maulwürfen Augen verliehen und die Blinden erleuchtet, die nicht imstande waren, mit ihren Augen das Bild der Natur in den vielen Spiegeln zu schauen, die sich ihnen von allen Seiten entgegenstellen. Den Stummen hat er die Zunge gelöst, die nicht in der Lage waren und es nicht wagten, ihren verworrenen Gedanken Ausdruck zu verleihen. Die Lahmen hat er geheilt, die nicht mit dem Geiste den Schritt machen konnten, der dem unwürdigen und vergänglichen Körpergebilde versagt bleibt. Er bringt ihnen die Sonne, den Mond und die anderen bekannten Gestirne so nahe, als wohnten sie selbst darauf, und er zeigt, inwieweit die Körper, die wir in der Ferne sehen, unserer Erde gleichen oder sich von ihr unterscheiden und inwieweit sie erhabener oder niederer sind als diese. Er öffnet uns die Augen, diese Gottheit zu schauen, unsere Mutter, die uns auf ihrem Rücken ernährt und versorgt, nachdem sie uns aus ihrem Schoße geboren hat, und die uns immer wieder darin aufnimmt. Auf daß wir nicht länger glauben, sie sei ein Körper ohne Seele und Leben und gar der Bodensatz unter den körperlichen Substanzen[7]. So wissen wir jetzt, daß wir auf dem Monde oder auf anderen Sternen nicht an einem von der Erde sehr verschiedenen Ort leben würden, vielleicht sogar an einem schlechteren. Es kann aber auch andere, ebensogute Weltkörper geben wie die Erde und sogar solche von besserer Beschaffenheit, die ihren Bewohnern mehr Glückseligkeit gewähren. So erkennen wir denn so viele Sterne, so viele Gestirne, so viele Gottheiten, jene hunderttausende, die alle dem ersten, allumfassenden, unendlichen und ewigen Wirker schauend und dienend zur Seite stehen. Unsere Vernunft ist nicht mehr in den Fesseln der erdichteten acht, neun oder zehn Himmelssphären und ihrer Beweger gefangen. Wir erkennen, daß es nur einen Himmel gibt, eine unermeßliche Ätherregion, in der jene erhabenen Lichter die ihnen angemessenen Abstände wahren, durch die sie am besten am ewigen Leben teilhaben. Diese flammenden Körper sind die Boten, die von dem herrlichen Ruhm und der Majestät Gottes künden. So sind wir dazu befähigt, die unendliche Wirkung der unendlichen Ursache zu entdecken, die wahre und lebendige Spur der unendlichen Kraft. Wir brauchen die Gottheit nicht in der Ferne zu suchen; denn sie ist uns nahe und sogar tiefer in uns als wir selbst. Ebensowenig dürfen die Bewohner der anderen Welten die Gottheit bei uns suchen; denn auch sie haben sie bei sich und in sich, zumal der Mond nicht in größerem Maße Himmel für uns ist als wir für den Mond[8]. So laßt sich das, was Tansillo fast nur so zum Spaß gesagt hat, durchaus in ernsterem Sinne verstehen:

Wenn Ihr das Gut, das nah' ist, nicht ergreift,
Wie wollt Ihr das, was fern liegt, dann erlangen?

Ein Fehler ist's, das Eigene zu verachten,
Und zu begehren, was ein anderer hat.
Ihr gleicht dem Jüngling, der sich selber aufgab,
Vergebens sich nach seinem Bilde sehnend,
Ihr gleicht dem Jagdhund, der im Fluß versank,
Als er nach seinem eigenen Bissen schnappte.

Laßt nur die Schatten und ergreift das Wahre,
Gebt nicht das Heute für die Zukunft her!
Ich zweifle nicht, daß bessere Tage kommen,
Jedoch, um keine Freude zu verpassen,
Genieße ich das Jetzt und hoff' auf Morgen
Und habe somit doppeltes Vergnügen.

Auf diese Weise wird ein einzelner auch ganz allein den Sieg davontragen und schließlich über die allgemeine Unwissenheit triumphieren. Es ist sicher, daß die Entscheidung weder durch die Menge blinder und tauber Zeugen noch durch Schmähungen und leere Worte herbeigeführt werden wird, sondern durch die Kraft vernünftiger Überlegung, die am Ende doch den Ausschlag geben muß. Wiegen doch alle Blinden keinen Sehenden auf, und alle Dummköpfe können keinen Weisen ersetzen!

PRUDENZIO
Rebus, et in sensu, si non est quod fuit ante,
Fac vivas contentus eo quod tempora praebent.
Iudicium populi nunquam contempseris unus,
Ne nulli placeas dum vis contemnere multos.

TEOFILO Das ist ein sehr kluger Rat, soweit es das menschliche Zusammenleben, die Staatsführung und den gesellschaftlichen Umgang betrifft, nicht aber für die Erkenntnis der Wahrheit und als Grundsatz philosophischer Betrachtung. Dazu sagt derselbe Weise:

Disce, sed a doctis, indoctos ipse doceto.

Was Du sagst, gilt auch für eine Lehre, die auf viele zugeschnitten ist. So ist es ein Ratschlag, der die Menge betrifft; denn diese Last eignet sich nicht für die Schultern eines jeden, sondern nur für solche, die sie tragen können, wie der Nolaner, oder sie ohne übermäßige Schwierigkeiten wenigstens dem Ziel näherbringen, wie Kopernikus es vermocht hat.

Auch dürfen jene, die im Besitze dieser Wahrheit sind, sie nicht einem jeden mitteilen, wenn sie nicht, wie man sagt, dem Esel den Kopf waschen und Perlen vor die Säue werfen wollen, und wenn sie für ihre Bemühungen und Anstrengungen nicht die Früchte ernten wollen, die dummdreiste Unwissenheit in ständiger und getreuer Begleitung von Anmaßung und Frechheit zu tragen pflegt. Nur jene Unwissenden also können wir belehren und erleuchten, die nicht aus angeborenem Unvermögen oder aus Mangel an Geist und Auffassungsgabe Blinde genannt werden, sondern nur weil sie nicht genügend aufmerken und nachdenken. Letzteren fehlt es nämlich nur an Übung, nicht aber an den Fähigkeiten selbst. Von den Unbegabten aber sind einige so tückisch und bösartig, daß sie sich aus einer Art dumpfem Neid erzürnen und hochmütig aufspielen, wenn einer sie belehren will und mit Wissen hervorzutreten wagt, das sie nicht besitzen, die sie doch für Gelehrte und Doktoren gelten, und, noch schlimmer, sich für solche halten. Da könnt ihr erleben, wie sie sich ereifern und wütend werden.

FRULLA So wie die beiden ungehobelten Doktoren,

über die wir noch sprechen werden. Als der eine nicht mehr wußte, was er antworten und wie er argumentieren sollte, sprang er auf, um dem Gespräch mit einem Schwall von Sprüchen des Erasmus oder gar mit den Fäusten ein Ende zu bereiten. *Quid? non ne Anticyram navigas? tu ille philosophorum protoplastes, qui nec Ptolomeo, nec tot, tantorumque, philosophorum, et astronomorum maiestati quippiam concedis? Tu ne nodum in scirpo quaeritas?* schrie er und andere Redensarten, die es verdienten, ihm auf dem Rücken kleingeschlagen zu werden mit jenen doppelten Ruten (auch Knüttel genannt), mit denen die Lastträger an den Eseln maßzunehmen pflegen.

TEOFILO Lassen wir das jetzt. Andere wieder verharren aus leichtgläubiger Torheit und aus Furcht, sie könnten durch Sehen zu Schaden kommen, starrsinnig in den Finsternissen ihrer einmal erworbenen mangelhaften Kenntnisse. Schließlich aber gibt es noch die wohlveranlagten und glücklichen Begabungen, bei denen kein ehrliches Bemühen vergebens ist. Sie urteilen nicht unbesonnen, besitzen einen klaren Verstand, einen freien Blick, und sie sind vom Himmel, wenn auch nicht zu Erfindern, so doch zu würdigen Prüfern, Erforschern, Richtern und Zeugen der Wahrheit ausersehen. Ihrer Zustimmung und Liebe kann der Nolaner zu aller Zeit gewiß sein. Es sind jene erhabenen Geister, die die Fähigkeit besitzen, ihn anzuhören und mit ihm zu disputieren; gibt es doch keinen, der ihm in diesen Dingen zu widersprechen vermöchte. Bleibt es jemandem aus mangelnder Auffassungsgabe auch versagt, dem Nolaner gänzlich zuzustimmen, so muß er ihm doch wenigstens in den gewichtigsten und wesentlichen Punkten beipflichten und gestehen, daß das, was er nicht als das Wahre erkennen kann, zumindest das Wahrscheinlichere ist.

PRUDENZIO Wie dem auch sei, ich für meinen Teil will mich an die Meinung der Alten halten; sagt doch der Weise: Bei den Alten ist die Weisheit.

TEOFILO Und fügt hinzu: In vielen Jahren die Klugheit[9]. Hättet Ihr das, was Ihr da sagt, richtig verstanden, so würdet Ihr einsehen, daß aus Eurem Grundsatz genau das Gegenteil von dem folgt, was Ihr meint, nämlich, daß wir älter sind und mehr Jahre hinter uns haben als unsere Vorgänger, wenn es um gewisse Urteile geht, wie die in Frage stehenden. Das Urteil des Eudoxos, der kurz nach der Wiedergeburt der Astronomie lebte, wenn sie auch nicht erst durch ihn wieder zum Leben erweckt wurde, konnte nicht so ausgereift sein wie das des Kalippos, der dreißig Jahre nach dem Tod Alexanders des Großen lebte und der mit der wachsenden Zahl der Jahre Beobachtung an Beobachtung reihen konnte. Aus eben diesem Grunde mußte Hipparch mehr als Kalippos wissen; denn er sah die Veränderungen am Himmel, die bis zum 196. Jahr nach Alexanders Tod eintraten. Der römische Geometer Menelaos mußte noch mehr davon verstehen als Hipparch, da er die Bewegungsunterschiede bis zum 462. Jahr nach Alexanders Tod wahrnahm. Mehr noch mußte Mahomet Aracensis 1202 Jahre später sehen. Noch mehr hat fast zu unserer Zeit Kopernikus 1849 Jahre danach gesehen[10]. Daß aber einige der nach ihm Kommenden nicht kluger waren als die Früheren und daß die meisten der Heutigen nicht mehr Verstand besitzen, das kommt daher, daß sie die Jahre der Früheren nicht nachleben und, noch schlimmer, schon ihre eigenen Jahre wie Tote durchleben.

PRUDENZIO Ihr könnt sagen, was Ihr wollt, und Euch alles so zurechtlegen, wie es Euch gefällt: ich bleibe ein Freund des Altertums. Was Eure Meinungen oder Paradoxe betrifft, so glaube ich nicht, daß so viele weise Männer so unwissend gewesen sein sollen, wie Ihr und andere Anhänger des Neuen sie hinstellt.

TEOFILO Nun gut, Meister Prudenzio, wenn die allgemeine Überzeugung, die auch Ihr teilt, nur insofern wahr ist, als sie alt ist, so war sie gewiß falsch, als sie neu war. Denn noch ehe die Philosophie, die Eurem Geist gemäß ist, aufkam, gab es die der Chaldäer, Ägypter, Magier, Orphiker, Pythagoreer und anderer aus frühester Zeit, die unseren Vorstellungen entspricht und gegen die sich zuvörderst jene unbesonnenen und törichten Logiker und Mathematiker auflehnten, nicht so sehr, weil sie dem Alten feindlich gegenüberstanden, als vielmehr, weil sie die Wahrheit verschmähten[11]. Lassen wir also das Argument des Alten und Neuen, da es nichts Neues gibt, das nicht alt sein könnte, und nichts Altes, das nicht einmal neu gewesen wäre, wie Euer Aristoteles sehr richtig bemerkt.

FRULLA Wenn Ihr mich jetzt nicht zu Worte kommen laßt, dann platze ich. Ihr sprecht zu Meister Prudenzio von »Euer« Aristoteles. Soll ich Euch sagen, wie meiner Meinung nach Aristoteles der »seinige« ist, *id est* wie er Peripatetiker ist? (Es sei mir gestattet, diese kleine Abschweifung einzufügen.) Nicht anders als die beiden blinden Bettler vor dem Tor des Erzbischofssitzes in Neapel, von denen der eine sich Guelfe, der andere Ghibelline nannte. Darauf begannen sie so hart mit ihren Stöcken aufeinander einzuschlagen, daß es ein böses Ende genommen hätte, wenn beide nicht getrennt worden wären. Da kam ein braver Mann auf sie zu und sprach zu ihnen: Kommt her, ihr beiden Taugenichtse! Sagt, was ist überhaupt ein Guelfe und ein Ghibelline? Was heißt es, Guelfe oder Ghibelline zu sein? Der eine wußte wahrhaftig nichts zu antworten und brachte keinen Ton heraus. Der andere sagte schließlich: Herr Pietro Costanzo, mein Gönner, den ich sehr gern habe, ist Ghibelline. Genauso ergeht es vielen Peripatetikern, die sich für Aristoteles erzürnen, ereifern und erhitzen, die seine Lehre verteidigen, jeden hassen, der nicht Anhänger des Aristoteles ist, die bereit sind, für ihn zu leben und zu sterben, und dabei verstehen sie nicht einmal die Titel der Werke des Aristoteles. Wenn ich Euch einen solchen zeigen soll – da sitzt er, der zu dem Ihr »Euer« Aristoteles gesagt habt und der bei jeder Gelegenheit mit einem *Aristoteles noster Peripateticorum princeps*, einem *Plato noster* und *ultra* herausrückt.

PRUDENZIO Ich gebe nichts auf Eure Reden, Eure Wertschätzung achte ich gering.

TEOFILO Ich bitte darum, unterbrecht nicht länger unser Gespräch.

SMITH Fahrt fort, Herr Teofilo.

TEOFILO Euer Aristoteles also bemerkte, daß die menschlichen Ansichten und Taten nicht weniger dem Wandel der Zeit unterworfen sind als die übrigen Dinge[12]. Den Wert der Philosophien nach ihrem Alter einschätzen, hieße dasselbe, als wollte man entscheiden, ob der Tag früher ist als die Nacht oder umgekehrt. Wir müssen nur darauf achten, ob wir am Tage leben und das Licht der Wahrheit an unserem Horizont scheint oder aber an dem der Antipoden, unserer Gegner, ob wir uns in der Finsternis befinden oder sie, und folglich, ob wir, die wir dabei sind, die alte Philosophie zu erneuern, am Morgen leben, der die Nacht beschließt, oder aber am Abend, der den Tag beendet. Das ist sicherlich nicht schwer zu entscheiden, selbst wenn man nur ganz grob danach urteilt, welche Früchte die eine und welche die andere Denkweise getragen hat.

Wir brauchen ja nur die Unterschiede zwischen den einen und den anderen zu betrachten. Jene waren maßvoll in der Lebensführung, in der Heilkunst erfahren, vernünftig in ihren philosophischen Anschauungen, in der Wahrsagung einzigartig, in der Magie wunderbar, im Aberglauben zurückhaltend, den Gesetzen gegenüber gehorsam, in der Moral untadelig, in der Theologie göttlich, in allen Dingen heroisch. Ein Beweis dafür sind ihre lange Lebensdauer, die große Widerstandsfähigkeit ihrer Körper, ihre erhabenen Erfindungen, die in Erfüllung gegangenen Voraussagen, die durch ihr Werk umgestaltete Natur, das friedliche Zusammenleben der Völker, ihre unverletzlichen Schwüre, die höchst gerechten Hinrichtungen, ihr vertrauter Umgang mit guten und schützenden Geistern und die noch erhaltenen Spuren ihrer wunderbaren Heldentaten. Die späteren hingegen zu prüfen, überlasse ich dem Urteil jedes Verständigen.

SMITH Was werdet Ihr nun sagen, wenn heute die meisten genau das Gegenteil denken, besonders hinsichtlich der philosophischen Lehre?

TEOFILO Das wundert mich nicht; denn wie gewöhnlich glauben diejenigen, die am wenigsten davon verstehen, am meisten zu wissen, und die völligen Toren glauben sogar, alles zu wissen.

SMITH Was für ein Mittel gibt es dagegen?

FRULLA Ihnen den Kopf abreißen und einen anderen dafür aufsetzen.

TEOFILO Man muß ihnen mit irgendwelchen Argumenten den Wissensdünkel austreiben und, soweit es geht, sie durch Überredung von ihrer törichten Meinung abbringen, so daß sie erst einmal wieder zuhören lernen. Der Lehrer muß vorher davon unterrichtet werden, daß es sich um fähige und tüchtige Köpfe handelt. Nach dem Brauch der pythagoreischen Schule, dem wir uns anschließen, dürfen die Schüler weder Fragen stellen noch Einwände machen, bevor sie nicht die Philosophievorlesung ganz zu Ende gehört haben; denn ist die Lehre in sich vollkommen und richtig verstanden worden, beseitigt sie von selbst alle Zweifel und behebt jeden Widerspruch. Gibt es dann noch einen so klugen Kopf, dem das nicht genügt, so mag der sehen, was man der Lehre hinzufügen, an ihr streichen, verbessern und ändern kann. Er wird dann die Prinzipien und Schlüsse mit den ihnen widerstreitenden vergleichen und nach vernünftiger Überlegung zustimmen oder anderer Meinung sein, fragen und antworten. Denn nur wer vorher zugehört hat, kann an einer Kunst oder Wissenschaft zweifeln und richtige Fragen in der gehörigen Reihenfolge stellen. Der wird nie ein guter Prüfer und Richter in einer umstrittenen Frage sein, wer sich nicht vorher genau über den Gegenstand unterrichtet hat. Deshalb muß der Hörer schweigen, solange die Darstellung der Lehre von festen und bestätigten Prinzipien und Grundlagen zur Vollendung des Gebäudes ihrer Erkenntnisse fortschreitet. Solange er noch nicht alles gehört und verstanden hat, muß er glauben, daß sich im weiteren Verlauf alle Schwierigkeiten lösen werden. Anders verfahren die Skeptiker und Pyrrhoneer, die sich dazu bekennen, daß man nichts wissen kann, und deshalb ständig Fragen stellen und forschen, ohne jemals zu einem Ergebnis zu gelangen. Nicht weniger unglückliche Geister sind diejenigen, die selbst noch über die klarsten Dinge disputieren möchten und damit unvorstellbar viel Zeit verlieren. Dazu kommen diejenigen, die, um gelehrt zu erscheinen oder aus anderen verwerflichen Motiven, weder bereit sind zu lehren noch zu lernen, sondern immer bloß streiten und das Wahre anfechten wollen.

SMITH Mir kommen Bedenken zu dem, was Ihr gesagt habt. Es gibt doch eine unzählige Menge solcher, die sich einbilden, etwas zu wissen, und sich für wert genug halten, beständig angehört zu werden. Wie Ihr seht, sind alle Universitäten und Akademien voll von solchen Aristarchen, die selbst dem hochtönenden Jupiter keinen Deut nachgeben würden. Bei ihnen haben die Schüler am Ende nichts gewonnen, als daß sie vom Nichtwissen (was nur ein Mangel an Wahrheit ist) zu der Einbildung gelangen, etwas zu wissen, was eine Torheit ist und ein Zustand der Unwahrheit. Da sieht man also, was ihre Hörer gewonnen haben: Aus der Unwissenheit als bloßer Negation sind sie in die Unwissenheit versetzt worden, die man als schlechte Anlage bezeichnet. Wer gibt mir nun die Gewähr, daß ich bei all dem Aufwand an Zeit und Mühe und unter Verzicht auf einträglichere Studien und Beschäftigungen mir nicht wie die meisten schließlich den Verstand mit schädlichen Torheiten vergiftet habe, anstatt die Wahrheit zu erwerben? Wie soll ich, der ich nichts weiß, Wert und Unwert, Mangel und Reichtum derjenigen, die sich selbst für weise halten und dafür gehalten werden, unterscheiden können? Sehe ich doch sehr wohl, daß wir alle unwissend zur Welt kommen und von unserer Unwissenheit leicht zu überzeugen sind. Wir werden nach den Ansichten und Gewohnheiten unseres Elternhauses aufgezogen und hören, wie die Gesetze, Gebräuche, der Glaube und die Sitten der Fremden und Feinde geschmäht werden. Ebenso aber ergeht es den anderen mit uns und unseren Dingen. Denn nicht minder saugen wir sozusagen schon mit der Muttermilch die Voreingenommenheit für unsere eigenen Dinge ein als jene für ihre Dinge. So konnte es leicht zur Gewohnheit werden, daß die unseren den Göttern ein Opfer zu bringen meinen, wenn sie unsere Glaubensfeinde unterdrücken, umbringen, bezwingen und erschlagen. In derselben Überzeugung handeln all die anderen, wenn sie uns das gleiche zufügen. Und mit nicht weniger Inbrunst und Überzeugung danken sie Gott für das Licht, von dem sie sich ewiges Leben versprechen, als wir dafür danken, nicht wie sie in Blindheit und Finsternis zu leben. Zu diesen Überzeugungen der Religion und des Glaubens kommen die der Wissenschaften. Mag mich nun die Wahl meiner Eltern oder Erzieher oder meine eigene Laune und Vorstellung oder der Ruhm eines Gelehrten dazu bestimmt haben, bei ihm zu hören – in jedem Falle werde ich mir zu meiner nicht geringen Befriedigung einbilden, unter der anmaßenden und vom Glück begünstigten Unwissenheit eines Dummkopfes ebensoviel gelernt zu haben wie jeder andere unter einem weniger unwissenden oder gar weisen Lehrer. Wißt Ihr nicht, welche Kraft die Gewohnheit, zu glauben und von Jugend auf in gewisse Überzeugungen hineingewachsen zu sein, besitzt, um uns die Einsicht in die klarsten Dinge zu verstellen? Uns ergeht es wie denen, die aus langer Gewöhnung an ein Gift am Ende davon nicht nur keinen Schaden mehr nehmen, sondern denen es schon zur natürlichen Nahrung geworden ist, so daß bei ihnen das Gegengift selbst tödlich wirkt. Nun sage mir, durch welche Kunst wirst Du vor anderen einen Hörer gewinnen, wenn er vielleicht weniger geneigt ist, Deinen Lehren Aufmerksamkeit zu schenken als denen tausend anderer?

Teofilo Das ist ein Geschenk der Götter, wenn sie Dich führen und das Schicksal so leiten, daß Du einem Menschen begegnest, der nicht nur im Rufe steht, ein wahrer Führer zu sein, sondern es auch in Wirklichkeit ist, und wenn sie Dein Inneres erleuchten, die beste Wahl zu treffen.

Smith Im allgemeinen aber hält man sich an das Urteil der Menge, um im Falle eines Irrtums nicht allein und ohne großes Wohlwollen dazustehen.

Teofilo Ein des Menschen unwürdiger Gedanke! Daher gibt es so wenig weise und göttliche Männer! Doch so wollen es die Götter; denn das allgemein Verbreitete hat keinen Wert und wird nicht geschätzt.

Smith Ich glaube schon, daß nur wenige die Wahrheit kennen und die kostbaren Dinge nur die wenigsten besitzen, doch mich verwirrt, daß sich im Besitze weniger oder gar nur eines einzigen viele ganz seltene Dinge befinden, ohne deshalb Beachtung zu verdienen, da sie nichts wert sind und vielleicht zu den größten Torheiten und Lastern zählen.

Teofilo Sehr richtig, aber schließlich ist es doch sicherer, das Wahre und Richtige abseits von der Menge zu suchen; denn sie hat niemals etwas Wertvolles und

Würdiges hervorgebracht. Immer haben sich die vollkommenen und kostbaren Dinge bei wenigen befunden. Wären diese Dinge lediglich selten und im Besitz weniger, dann könnte sie zwar nicht jeder selbst finden, aber doch wenigstens erkennen, und sie erhielten ihren Wert nicht durch die Erkenntnis, sondern lediglich durch den Besitz.

Smith Lassen wir das nun. Hören und prüfen wir lieber ein wenig die Gedanken des Nolaners. Es ist schon viel, daß er sich bisher solches Zutrauen erworben hat, daß wir es für wert erachten, ihn anzuhören.

Teofilo Das genügt ihm völlig. Ihr werdet sehen, daß seine Philosophie stark genug ist, um sich zu behaupten und zu verteidigen, um die Eitelkeit und Betrügereien der Sophisten zu enthüllen, die Blindheit der Menge und der gemeinen Philosophie aufzudecken.

Smith Da es schon spät ist, wollen wir morgen zur selben Stunde hier zusammenkommen und uns mit den Begegnungen und der Lehre des Nolaners beschäftigen.

Prudenzio *Sat prata biberunt: nam iam nox humida caelo praecipitat.*

Ende des ersten Dialogs

ZWEITER DIALOG

TEOFILO Da sprach Herr Fulk Greville: Bitte, Herr Nolaner, laßt mich wissen, aus welchen Gründen Ihr der Meinung seid, die Erde bewege sich. Der Nolaner antwortete, er könne ihm keinen Grund nennen, bevor er nicht seine Fähigkeiten kenne. Da er nicht wisse, ob er von ihm verstanden werde, fürchte er, es könne ihm so ergehen wie denen, die ihre Gründe Statuen vortrügen und sich mit Toten unterhielten. Er möge deshalb so gut sein, zunächst seine Gegengründe vorzutragen, damit er sich ein Bild von seinen Fähigkeiten machen könne. Denn dann könne er je nach dem Licht und der Kraft des Geistes, die er dabei beweise, seine Antworten einrichten. Dem fügte der Nolaner hinzu, es würde ihm, da er gerne die Absurdität der gegenteiligen Meinungen mit Hilfe eben der Prinzipien aufweisen möchte, auf welchen sie beruhen, kein geringes Vergnügen bereiten, Leute zu treffen, die zu einem solchen Unternehmen geeignet wären, und er sei immer gerüstet und bereit, Rede und Antwort zu stehen. Auf diese Weise könne man die Stärke der Fundamente seiner eigenen Philosophie im Gegensatz zur gemeinen um so besser sehen, je mehr Gelegenheit sich ihm böte, zu antworten und sich zu erklären. Herrn Fulk gefiel diese Antwort sehr, und er sagte: Ihr erweist mir einen großen Dienst. Ich nehme Euren Vorschlag an und möchte einen Tag festsetzen, an dem Ihr mit Leuten zusammenkommen sollt, die es Euch vielleicht nicht an Gelegenheit mangeln lassen werden, Eure Argumente ins Feld zu führen. Mittwoch in acht Tagen, also am Aschermittwoch, seid Ihr zusammen mit vielen Edelleuten und gelehrten Männern bei mir eingeladen, um nach dem Essen über viele schöne Dinge zu disputieren. Ich verspreche Euch (sagte der Nolaner), daß ich an diesem Tag und immer dann, wenn sich eine ähnliche Gelegenheit bietet, nicht fehlen werde. Denn für mich gibt es kaum etwas, was mich davon abhalten kann, meine Kenntnisse und mein Wissen zu erweitern. Nur bitte ich Euch, mich nicht mit unwürdigen und ungesitteten Leuten zusammenzubringen, die nichts von solchen philosophischen Erörterungen verstehen. (Seine Bedenken waren nur allzu berechtigt, da viele Gelehrte in England, mit denen er philosophische Gespräche geführt hatte, sich mehr wie Bauern benahmen, als so, wie man es sich hätte wünschen können.) Herr Fulk antwortete, er könne unbesorgt sein, da er die gesittetsten und gelehrtesten Männer aussuchen werde.

Dabei blieb es. Als nun der festgesetzte Tag gekommen war (helft mir, Musen, davon zu erzählen) –
PRUDENZIO *Apostrophe, pathos, invocatio poetarum more.*
SMITH Hört bitte zu, Meister Prudenzio.
PRUDENZIO *Lubentissime.*
TEOFILO – und der Nolaner bis nach dem Mittagessen gewartet hatte, ohne etwas von Fulk Greville gehört zu haben, nahm er an, dieser habe die Verabredung vergessen oder es sei ihm etwas dazwischen gekommen. Von diesem Gedanken befreit, ging er spazieren und besuchte einige italienische Freunde. Als er spät nach Sonnenuntergang zurückkehrte –
PRUDENZIO Schon hatte der flammende Phöbus

unserer Halbkugel den Rücken gekehrt und ging, mit seinem strahlenden Haupt den Antipoden zu leuchten.

FRULLA Ich bitte, Magister, erzählt Ihr doch weiter, denn Eure Vortragsweise gefällt mir ausnehmend gut.

PRUDENZIO Wenn ich nur wüßte, wie es weitergeht.

FRULLA Dann schweigt also, in Teufelsnamen!

TEOFILO – spät abends nachhause zurückgekehrt, findet er vor seiner Tür die Herren Florio und Gwinne, die ihn überall vergeblich gesucht hatten. Als sie ihn kommen sahen, sagten sie: Machen wir uns bitte gleich auf den Weg, denn viele Ritter, Edelleute und Doktoren warten auf Euch. Unter denen, die mit Euch disputieren sollen, ist auch einer, der denselben Nachnamen hat wie Ihr. Da kann ja nichts mehr schiefgehen (sagte der Nolaner). Bis jetzt habe ich nur den Fehler begangen, zu hoffen, die Angelegenheit noch bei Sonnenlicht erledigen zu können, aber ich sehe nun, daß wir bei Kerzenlicht disputieren werden. Meister Gwinne entschuldigte die Verspätung damit, daß einige Ritter, die gern dabei sein wollten, nicht zu Mittag, sondern erst zum Abendessen hätten kommen können. Nun denn (sagte der Nolaner), machen wir uns auf und bitten Gott, er möge uns an diesem finsteren Abend auf einem so langen Weg durch so unsichere Straßen begleiten.

Obwohl wir auf der direkten Straße waren, glaubten wir, wir könnten den Weg abkürzen, indem wir zur Themse einbogen, in der Hoffnung, dort einen Kahn zu finden, der uns zum Palast bringen würde. Wir kamen zum Steg am Palast von Lord Buckhurst und verbrachten dort soviel Zeit damit, *oares, idest* Bootsmann zu rufen und zu brüllen, als genügt hätte, bequem zu Fuß unser Ziel zu erreichen und dabei noch etwas zu erledigen. Endlich antworteten aus der Ferne zwei Fährmänner, und ganz langsam und vorsichtig, als sollten sie gehängt werden, näherten sie sich dem Ufer. Erst nach vielem Hin- und Herfragen über das Woher, Wohin, Warum, Wie und Wieviel legten sie endlich mit dem Bug an der letzten Stufe des Stegs an. Der eine, der so aussah wie der antike Fährmann der Unterwelt, reichte dem Nolaner die Hand, und der zweite, der dessen Sohn zu sein schien, obwohl er mindestens schon 65 Jahre alt war, half darauf uns anderen ins Boot. Ohne daß ein Herkules, ein Aeneas oder ein König von Sarza, ein Rodomonte, das Boot betreten hatte,

gemuit sub pondere cimba

Sutilis, et multam accepit limosa paludem[13].

Als der Nolaner die Musik hörte, sagte er: Gebe Gott, daß es nicht Charon ist. Ich glaube, dieser Kahn ist ein Nacheiferer des ewigen Lichtes. Er kann es an Jahren gewiß mit der Arche Noah aufnehmen und ist, meiner Treu, sicher ein Überbleibsel aus der Zeit der Sintflut. Der Kahn knarrte, wo immer man ihn berührte, und bei der geringsten Bewegung ging ein Ächzen durch den ganzen Bau. Jetzt glaube ich (sagte der Nolaner), daß es kein Märchen ist, daß die Mauern (von Theben, wenn ich mich recht erinnere) Stimmen besaßen und manchmal Lieder anstimmten. Wenn Ihr es nicht glaubt, so hört nur auf die Laute dieses Kahns. Es klingt wie lauter Pfeifen neben dem Zischen des Wassers, das von allen Seiten durch die Spalten und Ritzen ins Boot eindringt. Wir lachten, aber Gott weiß, wie.

Als Hannibal dem arg bedrängten Reich
Ein solches Unheil widerfahren sah,
Da lacht' er unter weinenden Gefährten.

PRUDENZIO *Risus sardonicus.*

TEOFILO Von dieser süßen Harmonie eingeladen, wie von Liebe, Zorn, Zeiten und Jahreszeiten begleiteten wir die Musik mit Liedern. Herr Florio (an seine Geliebten denkend) sang: *Wo bist Du hin, mein süßes Leben.* Der Nolaner fiel ein: *Der Sarazen in Schmerzen, o weibliches Gemüt usw*[14]. So ganz allmählich ging es voran, soweit der Kahn es zuließ, der (wenn er auch durch die Holzwürmer und die Zeit so morsch wie Kork geworden war) in seinem *festina lente* ganz aus Blei zu sein schien. Die Arme der beiden Alten vermochten nur wenig auszurichten, denn obgleich sie mit den Körpern weit ausholten, machten sie mit den Rudern nur kurze Schläge.

PRUDENZIO *Optime discriptum illud, festina*, mit dem flinken Rücken der Schiffer, *lente*, mit der Wirkung der Ruder, vergleichbar schlechten Arbeitern des Gartengottes.

TEOFILO So brachten wir viel Zeit aber wenig Weg hinter uns, und wir hatten kaum ein Drittel der Strecke zurückgelegt, nämlich bis kurz hinter den Ort, der *Temple* heißt, als unsere Gevattern plötzlich, anstatt sich zu beeilen, dem Ufer zusteuerten. Was soll das bedeuten, fragt der Nolaner. Sie wollen doch nicht etwa verschnaufen? Man erklärte ihm, jene wohnten hier und wollten deshalb nicht weiter fahren. Da war alles Bitten vergebens, denn diese Kerle sind so gefühllos, daß selbst die Pfeile Amors an ihrer Brust abprallen.

PRUDENZIO *Principio omni rusticorum generi, hoc est a*

natura tributum, ut nihil virtutis amore faciant; et vix quicquam formidine paenae.

FRULLA Es gibt noch ein anderes Sprichwort, das auf dieses gemeine Volk zutrifft:

Rogatus tumet,
Pulsatus rogat,
Pugnis concisus adorat.

TEOFILO Kurz und gut, sie setzten uns aus, und nachdem wir bezahlt und uns auch noch bedankt hatten (denn dort bleibt einem nichts anderes übrig, selbst wenn einem so ein Lump unrecht getan hat), zeigten sie uns den kürzesten Weg zur Hauptstraße.

Nun steh mir bei, süße Mafelina, Muse des Merlin Cocai[15]. Es war ein Weg voller Schlamm, der weder für gewöhnlich noch unter glücklichen Umständen einen Durchgang bot. Der Nolaner aber, der mehr studiert hat als wir und sich in den Schulen besser auskennt[16], sagte: Mir scheint, ich sehe einen Ausweg, wenn er auch verdammt schwer sein wird. So folgt mir denn! Doch kaum hatte er das gesagt, versank er auch schon so tief im Schlamm, daß er die Beine nicht mehr herausziehen konnte. So gingen wir mitten hindurch, einer dem anderen beistehend, in der Hoffnung, dieses Purgatorium würde bald ein Ende nehmen. Doch von einem ungerechten und harten Geschick verfolgt, fanden wir uns alle miteinander in einem schlammigen Durchgang wieder, der wie der Garten der Eifersucht oder des Entzückens auf beiden Seiten von hohen Mauern umgeben war. Da kein Licht uns den Weg leuchtete, konnten wir die Strecke, die wir zurückgelegt hatten, nicht von der unterscheiden, die noch vor uns lag, und hofften bei jedem Schritt auf das Ende. Immer mitten durch den glitschigen Schlamm watend, sackten wir bis zu den Knien in die Tiefe der dunklen Unterwelt. Keiner konnte hier dem anderen einen Rat geben, wir wußten nicht, was wir sagen sollten, und nur gelegentliches wütendes Zischen, Murmeln, Seufzen und verstohlenes Fluchen unterbrach das allgemeine Schweigen. Da uns die Augen ihren Dienst versagten, wurden die Füße sich gegenseitig zum Führer; ein Blinder mußte den anderen leiten.

> Wie einer, der danieder liegt und klagt,
> Daß allzu träge nur die Zeit verfließt,
> Und bald von Steinen, bald von Zauberformeln,
> Erlösung sich erhofft von seinen Schmerzen;
>
> Bis er im Leiden schließlich dann erfährt,
> Daß jedes Mittel vor dem Schmerz versagt,
> Verzweifelnd sich dem Schicksal ruhig beugt,
> Und weitere Hilfe selbst im Sterben schmäht;

so erging es auch uns, als wir trotz wiederholter Versuche keine Abhilfe für unser Übel gefunden. Ohne uns weiter zu bemühen und vergebens den Kopf zu zerbrechen, wateten wir entschlossen durch dieses Schlammmeer, dessen träger Fluß in die tiefen Fluten der Themse sich ergoß.

PRUDENZIO O welch schöner Schluß!

TEOFILO Ein jeder von uns dachte an den Entschluß des Blinden in Epicuros Tragödie:

> Wohin mich Blinden auch das Schicksal führt,
> Da laß mich gehn, soweit die Füße tragen,
> Und komm aus Mitleid weiter nicht mit mir.

Ich find' schon einen Graben, einen Stein,
Der mich von meiner großen Pein erlöst,
Und in den Abgrund tief mich stürzen läßt.

Doch durch die Gnade der Götter (denn, wie Aristoteles sagt, *non datur infinitum in actu*) fanden wir uns schließlich, ohne größeren Übeln zu begegnen, in einem Pfuhl wieder, der zwar nur einen ganz schmalen Rand zum Gehen bot, aber dennoch so höflich war, uns wieder aufzurichten, indem er unseren Füßen keine weiteren Hindernisse in den Weg legte. Bis er uns schließlich (während wir den Pfad immer höher stiegen) zu einer freundlichen Regenrinne führte, die auf einer Seite einen steinigen Weg freiließ, auf dem man die Füße ins Trockene setzen konnte. Allerdings strauchelten wir bei jedem Schritt wie Betrunkene, nicht ohne Gefahr zu laufen, Hals und Beine zu brechen.

PRUDENZIO *Conclusio, conclusio.*

TEOFILO Um zum Schluß zu kommen, *tandem laeta arva tenemus*. Auf der Hauptstraße angelangt, schien es uns, als seien wir auf den Elysischen Gefilden. Und als wir uns umsahen, wohin uns diese verwünschte Abzweigung geführt hatte, bemerkten wir, daß wir nur ein paar Schritte von der Stelle entfernt waren, an der wir abgebogen waren, um zu den Bootsleuten zu gelangen, ganz in der Nähe der Wohnung des Nolaners. O unbeständige Dialektiken, verschlungene Zweifel, lästige Trugschlüsse, spitzfindige Fangschlüsse, dunkle Rätsel, verworrene Labyrinthe, verteufelte Sphinxe, löst Euch auf oder laßt Euch lösen!

Am Scheideweg, bei diesem zweifelhaften Schritt,
Was soll ich Armer tun, was soll ich sagen?

Auf der einen Seite zog es uns zu unserer Wohnung,

denn Meister Schlamm und Meister Sumpf hatten uns solche Dreckstiefel verpaßt, daß wir kaum die Beine heben konnten. Auch sprachen die einfachsten Regeln der Weg- und Zeichendeutung dagegen, die Reise fortzusetzen. Die Sterne, die sich alle in den Mantel der Nacht gehüllt hatten, ließen uns im Dunkeln und drängten uns zur Rückkehr. Das Wetter riet davon ab, einen so weiten Weg fortzusetzen, und ermunterte uns, das kurze Stück zurückzukehren. Die Nähe der Wohnung winkte einladend. Die Umstände, die uns mit einer Hand wieder bis hierhin zurückgeholt hatten, stießen uns nun mit zwei noch stärkeren Armen weiter zurück. Die Müdigkeit schließlich (gleich dem natürlichen inneren Prinzip, das den Stein zum Mittelpunkt bewegt) wies uns denselben Weg und ließ uns nach rechts neigen. Auf der anderen Seite riefen uns die vielen Mühen, Anstrengungen und Beschwerden, die wir sonst vergebens auf uns genommen hätten. Aber die Zweifel wollten nicht verstummen: wenn dieses Stückchen Weg, das keine 25 Schritte beträgt, schon soviel Anstrengung gekostet hat, wie soll es erst mit dem langen Weg werden, der noch vor uns liegt? *Meior es perdere, che mas perdere.* Einerseits trieb uns der allgemeine Wunsch, die Erwartung jener Ritter und Edelleute nicht zu enttäuschen. Auf der anderen Seite sprach der verletzte Stolz, daß jene, die es nicht einmal für nötig gehalten hatten, uns bei diesem Wetter, zu dieser Stunde und bei diesem Anlaß Pferde oder ein Boot zu schicken, unser Fernbleiben auch nicht weiter berühren dürfte. Auf der anderen Seite stand die Furcht, für unhöflich gehalten zu werden, oder als Leute dazustehen, die alles zu genau nehmen, nur nach Amt und Würden gehen, und wie Bauern mehr darauf bedacht sind, zuvorkommend behandelt zu werden, als selbst zuvorkommend zu sein und die anderen an Höflichkeit zu übertreffen. Andererseits waren wir entschuldigt, denn bei höherer Gewalt bedarf es keiner Gründe. Einerseits bewog uns das besondere Interesse des Nolaners, der sein Wort gegeben hatte und dem man anderenfalls wer weiß was hätte anhängen können. Abgesehen davon, daß er große Lust verspürte, die Gelegenheit wahrzunehmen, neue Sitten zu studieren, andere Gesinnungen kennenzulernen, wenn möglich, eine neue Wahrheit zu finden, seinen Verstand durch Übung zu stärken und etwaige eigene Schwächen zu entdecken. Andererseits hielt uns der allgemeine Überdruß und ich weiß nicht was für ein Geist zurück, der gewisse Gründe vorbrachte, die zwar wahr waren, es aber nicht verdienen, wiedergegeben zu werden. Wer soll diesen Streit entscheiden? Wer soll über den freien Willen triumphieren? Wem soll die Vernunft zustimmen? Was hat das Schicksal bestimmt? Da kommt jenes Schicksal, öffnet sich mit Hilfe der Vernunft die Tür des Geistes und befiehlt der freien Entscheidung, ihre Zustimmung zur Fortsetzung der Reise zu geben. *O passi graviora* (wird uns gesagt), Ihr kleingläubigen, schwankenden, unsteten und törichten Menschen!

PRUDENZIO *Exaggeratio concinna.*

TEOFILO Unmöglich ist dieses Unternehmen keineswegs, wenn auch schwierig. Die Schwierigkeit aber ist dazu da, die Trägen abzuhalten. Die alltäglichen und leichten Dinge sind für das Volk und die gewöhnlichen Leute. Die außergewöhnlichen, heroischen und göttlichen Menschen hingegen beschreiten diesen Weg des Widerstandes, auf daß schließlich die Notwendigkeit selbst gezwungen ist, ihnen den Zweig der Unsterblichkeit zu reichen. Und wenn es auch nicht immer möglich ist, den Sieg davonzutragen, gebt nicht auf, strengt all Eure Kräfte in einer so entscheidenden Sache an, leistet bis zum letzten Atemzug Widerstand! Nicht nur der Sieger wird gepriesen, sondern auch derjenige, der nicht als Feigling und Zauderer stirbt: er gibt dem Schicksal die Schuld an seiner Niederlage und seinem Tode und beweist der Welt, daß er nicht aus eigenem Versagen, sondern durch die Ungerechtigkeit Fortunas ein solches Ende genommen hat. Nicht nur derjenige, der den Preis davonträgt, ist es wert, geehrt zu werden, sondern auch der, der so gut gelaufen ist, daß auch er hätte Sieger sein können. Nur die verdienen Tadel, die verzweifelt mitten im Lauf aufgeben und nicht allen Mut und alle Kraft aufbieten, um (wenn auch als Letzte) das Ziel doch noch zu erreichen.

Vidi ego lecta diu, et multo spectata labore
Degenerare tamen, ni vis. Sic omnia fatis
In peius ruere, ac retro sublata referri:
Non aliter quam qui adverso vix flumine lembum
Remigiis subigit: si brachia forte remisit;
Atque illum in preceps prono rapit Alveus amne.

Es siege die Beharrlichkeit, damit bei so großer Mühe der Preis nicht zu gering ausfalle! Alle kostbaren Dinge sind schwer erreichbar. Eng und dornig ist der Weg zur Seligkeit. Großes vielleicht verheißt uns der Himmel. Deshalb sagt der Dichter:

Pater ipse colendi
Haud facilem esse viam voluit, primusque per artem
Movit agros: curis acuens mortalia corda,
Nec torpere gravi passus sua regna veterno.

PRUDENZIO Das ist eine sehr emphatische Steigerung, die eher einem Gegenstand von größerer Bedeutung zukäme.

FRULLA Den Fürsten steht es frei, die niederen Dinge zu erhöhen, die, einmal von ihnen für würdig befunden, auch von den anderen dafür gehalten werden und es wirklich sind. Damit machen die Fürsten sich einen besseren Namen, als wenn sie die Großen erhöhen würden, für die es nichts gibt, was sie nicht schon durch ihre Größe zu verdienen glauben, oder als wenn sie die Höheren in ihrer Stellung bestärken würden, die der Meinung sind, eine solche Behandlung widerfahre ihnen nicht aus Gnade, Freundlichkeit und Großmut der Fürsten, sondern stehe ihnen ohnehin von Rechts wegen zu[17]. Übertrag das nun auf die Worte unseres Teofilo. Doch (Meister Prudenzio) wenn es Euch immer noch zu übertrieben scheint, seht von diesem Gegenstand ab und wendet es auf einen anderen an.

PRUDENZIO Ich habe nur gesagt, daß es mir für das, worum es im Augenblick geht, eine recht emphatische Steigerung zu sein schien.

FRULLA Ich wollte noch bemerken, daß Teofilo etwas von Prudenzio abbekommen zu haben scheint. Doch verzeiht ihm, denn dieses Eurer Gebrechen ist (wie mir scheint) ansteckend. Ihr könnt aber sicher sein, daß Teofilo aus der Not eine Tugend zu machen versteht und aus der Schwäche Vorsicht, Schutz und Gesundheit. Setzt Eure Rede fort, Teofilo.

PRUDENZIO *Ultra domine.*

SMITH Nur geschwind, damit uns die Zeit nicht davonläuft.

TEOFILO Nun öffne Deine Schwingen, Teofilo, mache Dich bereit und wisse, daß im Augenblick kein Anlaß besteht, von den höchsten Dingen der Welt zu handeln. Du hast hier keine Gelegenheit, von dieser irdischen Gottheit, dieser einzigartigen und einmaligen Frau zu sprechen, die vom kalten nördlichen Himmel aus ihr helles Licht über den ganzen Erdball verbreitet. Ich meine Königin Elisabeth, die an Namen und Würde keinem König nachsteht, und die es mit jedem, der auf Erden ein Zepter trägt, an Verstand, Weisheit, Rat und Regierung aufnehmen kann. Im Verständnis der Künste, in der Kenntnis der Wissenschaften, in der Beherrschung aller Sprachen, die die Völker und Gebildeten Europas sprechen, ist sie ohne Zweifel allen Fürsten voraus, und ihre Überlegenheit ist so groß, daß sie die einzige Herrscherin des Erdenkreises sein würde, wenn ihre weltliche Herrschaft der Kraft ihres erhabenen Geistes angemessen wäre. Mit noch größerer Berechtigung würde sie dann den Reichsapfel in ihrer göttlichen Hand halten. Du hast hier keinen Anlaß, von ihr zu sprechen, von ihr, die man mit keiner Königin vergangener Zeiten vergleichen kann, ohne dabei ihre Würde und Einzigartigkeit zu verletzen; denn sie ist allen anderen weit überlegen. Den einen durch die Größe ihrer Macht, den anderen durch die lange Dauer ihrer noch ungetrübten Herrschaft, allen aber durch ihre Enthaltsamkeit, Schamhaftigkeit, ihren Verstand und ihr Wissen. Allen durch ihre Gastfreundlichkeit und Höflichkeit, die sie jedem Fremden zuteil werden läßt, der sich nicht ganz undankbar und ungefällig zeigt.

Du hast keine Gelegenheit, von der edlen Menschlichkeit des erlauchten Herrn Robert Dudley, Graf von Leicester, zu sprechen, die überall bekannt ist, die in den

Nachbarländern in einem Zuge mit dem Ruhm des englischen Reiches und seiner Königin genannt wird und die viele hochgesinnte Italiener in ihrem Herzen preisen, welchen er (und seine Gemahlin) mit besonderem Wohlwollen begegnet ist und immer noch begegnet. Dieser und der erlauchte Herr Walsingham, erster Sekretär des Königlichen Rates, sind (da sie am königlichen Glanz teilhaben) in der Lage, mit dem Licht ihres hohen Adels die Dunkelheit zu vertreiben, und mit der Wärme ihrer liebenswürdigen Höflichkeit alle Roheiten und Ungezogenheiten der Engländer, ja selbst der Skythen, Araber, Tartaren und Kannibalen auszugleichen und vergessen zu lassen. Du hast keine Veranlassung, von dem ehrbaren Umgang, der Höflichkeit und feinen Lebensart zahlreicher Ritter und hochadliger Personen Englands zu sprechen, von denen uns, zunächst nur vom Hörensagen, als wir noch in Mailand und Frankreich weilten, dann aus eigener Erfahrung, da wir nun in seinem Lande leben, besonders der erlauchte und vortreffliche Ritter, Herr Philip Sidney, bekannt ist. Sein höchst gebildeter Geist (nebst seinen so lobenswerten Sitten) ist so einmalig und außergewöhnlich, daß Ihr unter seinesgleichen in Italien oder anderswo schwerlich einen solchen finden werdet. Anlaß zum Lob ist uns gänzlich genommen, denn höchst ungelegen und zum Ärger aller müssen wir uns mit einem Pöbel abgeben, der an Pöbelhaftigkeit den anderen, welche die leider nur allzu verschwenderische Erde noch in ihrem Schoß beherbergt, in nichts nachsteht. Dieser Pöbel ist so respektlos, verächtlich, unhöflich und frech, wie man ihn sich nur vorstellen kann. Wenn er einen Ausländer trifft, so gebärdet er sich (bei Gott) wie lauter Wölfe und

Bären, die ihm so grimmige Gesichter schneiden, wie ein Schwein, dem man den Freßtrog wegzieht. Dieser niederträchtige Pöbel läßt sich (soweit es für uns hier wichtig ist) in zwei Klassen einteilen.

PRUDENZIO *Omnis divisio debet esse bimembris, vel reducibilis ad bimembrem.*

TEOFILO Die erste ist die der Handwerker und Ladenbesitzer. Erkennen sie dich irgendwie als Ausländer, so rümpfen sie die Nase, lachen dir ins Gesicht, grinsen dich an, verhöhnen und schimpfen dich in ihrer Sprache Hund, Verräter und Fremder. Letzteres ist für sie ein ganz schlimmes Schimpfwort, das dem, der von ihnen so genannt wird, jedes nur erdenkliche Unrecht einbringen kann, ganz gleich, ob er jung oder betagt, im Talar oder bewaffnet, adlig oder ein Edelmann ist. Sie tun das, weil sie mit einem Ausländer gern in Streit geraten möchten. Wenn ein Ausländer einmal einem von diesem Gesindel den Hals bricht, so ist es nicht wie in Italien, wo alle abwarten, bis zufällig ein Polizist kommt, der ihn verhaftet. Und sollte sich jemand einmischen, so tut er es höchstens, um die Streitenden zu trennen und zu beschwichtigen, um dem Schwächeren zu helfen und besonders um für den Fremden Partei zu ergreifen. Niemand außer einem Offizier oder einem Polizisten, *id est* Häscher, würde es wagen oder sich berechtigt fühlen, den Übeltäter festzunehmen. Sollte der Polizist aber nicht dazu in der Lage sein, so würde sich jeder schämen, ihm Beistand zu leisten. So kann es vorkommen, daß ein Häscher oder auch mehrere manchmal das Nachsehen haben. Ganz anders dagegen ist es hier. Will es das Unglück, daß du einmal jemanden berührst oder Hand an den Degen legst, so siehst du dich plötzlich, soweit die

Straße reicht, von einem Heer von Flegeln umringt, die noch schneller als die Zähne, welche Jason dem Drachen ausschlug, sich in Krieger verwandelten (wie die Dichter sagen), aus dem Erdboden zu schießen scheinen, ganz sicher aber aus den Läden herausstürzen. Sie bieten so den ehrenhaften und freundlichen Anblick eines Waldes von Knüppeln, Stangen, Hellebarden, Spießen und verrosteten Gabeln, die sie (wenn sie vom Herrscher auch nur zu besserem Gebrauch zugelassen sind) für solche und ähnliche Gelegenheiten immer bereit halten. Diese wirst du mit bäuerlichem Ungestüm auf dich niederhageln sehen, ohne Rücksicht auf das Wer, Warum, Wo und Wie, ohne daß sich der eine beim anderen erkundigt, worum es geht. Um dem natürlichen Unmut gegenüber Ausländern Luft zu machen, will jeder (wenn er nicht von dem Haufen der übrigen, die dasselbe vorhaben, daran gehindert wird) mit eigener Hand und eigener Rute an dir maßnehmen und, wenn du dich nicht in acht nimmst, dir auch noch den Hut auf dem Kopf zurechtrücken. Sollte zufällig ein ehrbarer Mann oder ein Edelmann dabei sein, dem solche Niederträchtigkeit mißfällt, so bleibt ihm (wäre er auch Graf oder Herzog), um nicht selbst Schaden zu nehmen, ohne Dir einen Dienst zu erweisen (denn jene nehmen keine Rücksicht auf die Person, wenn sie sich auf diese Weise bewaffnet sehen), nichts anderes übrig, als seinen Zorn zu verbergen und abseits das Ende abzuwarten. Und wenn du zu guterletzt meinst, es sei dir vergönnt, den Barbier aufzusuchen, um deinen müden und mißhandelten Körper auszuruhen, so wirst du erfahren, daß auch die Barbiere lauter Schergen und Schurken sind. Denn sobald sie Verdacht schöpfen, du könntest einen ihrer Landsleute angerührt haben, werden sie dir (hättest du dir auch Hals und Beine gebrochen) mit Schlägen so sehr Beine machen, als trügest du Merkurs Flügelschuhe, als säßest du auf Pegasos, dem Flügelpferd, als drücktest du die Flanken von Perseus' Roß, als rittest du das geflügelte Pferd des Astolfo, als trüge dich ein Kamel der Meder oder eine der Giraffen der drei Weisen aus dem Morgenlande. Sie werden noch mit Fausthieben nachhelfen, die schlimmer sind als die Tritte eines Ochsen, Esels oder Maultiers, und sie lassen nicht von dir ab, bis sie dich ins Gefängnis gebracht haben, und dort *me tibi comendo*.

PRUDENZIO *A fulgure et tempestate, ab ira, et indignatione, malitia, tentatione, et furia rusticorum –*

FRULLA *– libera nos domine.*

TEOFILO Ferner gibt es die Klasse der Diener. Ich spreche nicht von denen ersten Ranges, welche selbst Edelleute sind und gewöhnlich kein Wappen oder Zeichen tragen, es sei denn aus übertriebenem Ehrgeiz oder übermäßiger Unterwürfigkeit. Sie haben ein durchaus gutes Benehmen.

PRUDENZIO *Omnis regula exceptionem patitur.*

TEOFILO Ich spreche vielmehr von den übrigen Arten der Diener. Da sind die zweiten Ranges, die alle ein Wappen auf dem Rücken tragen. Dann die dritten Ranges, deren Herren nicht groß genug sind, ihren Dienern Wappen geben zu können, oder die als unwürdig oder unfähig gelten, welche zu tragen. Schließlich kommen die vierten Ranges, die den Dienern mit und ohne Wappen folgen. Das sind die Diener der Diener.

PRUDENZIO *Servus servorum, non est malus titulus usquequaque.*

TEOFILO Die Diener ersten Ranges sind verarmte und

bedürftige Edelleute, die sich unter die Fittiche der Großen stellen, um Geld oder Gunst zu erwerben. Diese haben meistens noch ihr eigenes Haus und folgen ohne Schande ihrem Herrn, der sie dafür schätzt und unterstützt. Die Diener zweiten Ranges sind die bankrotten Kaufleute und Handwerker oder solche, die ohne Erfolg lesen oder eine andere Kunst erlernt haben. Sie sind meistens aus irgendeiner Schule, einem Lagerhaus oder Laden entsprungen. Die Diener dritten Ranges sind die Untätigen, die auf einen freieren Beruf verzichten. Teils sind es faule Seeleute, die von den Schiffen kommen, teils faule Ackerknechte, die den Pflug verlassen haben. Die Diener vierten und letzten Ranges sind ein Haufen Verzweifelter, Verstoßener, Schiffbrüchiger, Pilger, Taugenichtse und Faulenzer, verhinderter Diebe, gerade entsprungener Häftlinge und solcher, die jeden betrügen, der sich ihrer annimmt. Sie kommen von den Säulen der Börse und dem Portal von St. Paul's. Solches Gesindel findet man auch genug in Paris vor dem Palais, in Neapel auf den Stufen von San Paolo und in Venedig auf dem Rialto.

Zu den letzten drei Arten gehören diejenigen, die zeigen wollen, wie mächtig sie in ihrem Hause sind und welch unerschrockene Kerle und hervorragende Krieger sie sind, die vor niemandem Angst haben. Jedem, der sich nicht anschickt, ihnen auf der Straße Platz zu machen, versetzen sie mit der Schulter wie mit einem Schiffsschnabel so einen Stoß, daß er sich gleich ein paar Mal im Kreise dreht. Sie wollen damit beweisen, wie kräftig und mächtig sie sind, und daß sie, wenn es darauf ankommt, auch ein ganzes Heer zerschlagen können.

Begegnet ihnen aber ein Ausländer, so kann er ihnen noch so sehr aus dem Wege gehen – sie werden es sich nicht entgehen lassen, ihm zu zeigen, wie gut sie es verstehen, sich als Cäsar, Hannibal, Hektor und als gehörntes Rindvieh zu gebärden. Darin gleichen sie nicht nur dem Esel, der (besonders wenn er beladen ist) schnurstracks seinen Weg geht und keinen Platz macht, wenn man ihm nicht ausweicht, so daß entweder du ihm oder er dir einen Stoß versetzen muß, sondern auch den Wasserträgern, die dich den Eisenschnabel ihres Kruges spüren lassen, wenn du nicht auf der Hut bist. Nicht anders ist es mit den Bier- und Aleträgern, die dich umrennen, wenn du nicht acht gibst, so daß du die Wucht ihrer Ladung zu spüren bekommst. Sie haben nämlich soviel Kraft, daß sie zur gleichen Zeit eine Last auf den Schultern tragen, eine andere vor sich her schieben und dazu noch eine (und sei es einen ganzen Karren) ziehen können. Diese haben wegen der Last, die sie tragen, den Vortritt und sind deshalb noch zu entschuldigen; denn sie ähneln mehr dem Pferd, Maultier und Esel als dem Menschen. Aber alle übrigen klage ich an, die ein wenig Verstand mitbekommen haben und die mehr als jene nach dem Bilde und der Ähnlichkeit des Menschen gemacht sind. Anstatt Guten Tag oder Guten Abend zu sagen (nachdem sie dir ein freundliches Gesicht gemacht haben als kennten sie dich und wollten dich begrüßen), kommen sie auf dich zu und versetzen dir einen gewaltigen Stoß. Jene anderen (sage ich) klage ich an, die, als wollten sie fliehen, jemanden verfolgen oder eine dringende Besorgung erledigen, aus einem Laden hervorstürzen und dir von hinten oder von der Seite einen so festen Stoß versetzen, wie es nur ein gereizter Stier tun könnte. So erging es (einige Monate sind es her) einem armen italienischen Edelmann, dem auf diese Weise zum Gelächter und Vergnügen des ganzen Platzes ein Bein gebrochen und zerschmettert wurde. Als sich der Magistrat dann mit der Sache befassen sollte, befand er, daß sich der Vorfall auf diesem Platze gar nicht habe ereignen können. Daher hüte dich davor, ohne zwingende Notwendigkeit das Haus zu verlassen, und glaube nicht, du könntest in der Stadt spazieren gehen. Bekreuzige dich, wappne dich mit einem Panzer aus Geduld, der einem Büchsenschuß standhalten kann, und sei immer bereit, das kleinere Übel freiwillig zu ertragen, um nicht größeres Übel gezwungenermaßen auf dich nehmen zu müssen. Verhalte dich vorsichtig und denke daran, daß du es nicht nur mit einem einzigen oder mit zweien oder auch nicht nur mit fünfzig zu tun hast, sondern mit dem ganzen Staat und Vaterland der Plebs, für das, wenn es darauf ankommt, ein jeder zu Recht oder zu Unrecht sein Leben lassen muß. Daher ziehe deinen Hut, Bruder, wenn du spürst, daß man dich hart anstößt, und grüße deinen Widersacher, als habe er sich so betragen, wie man es unter Gefährten und Freunden zu tun pflegt. Doch sollte es dir zu hart werden, dann bitte den anderen um Verzeihung, damit er dir nicht noch Schlimmeres zufügt und dich herausfordert, indem er so tut, als habest du ihn angerempelt oder es wenigstens versucht. Das ist die Zeit, die Gelegenheit, dieses Volk besser denn je kennenzulernen. Der Nolaner sagte, er habe niemals während der zehn Monate seines Aufenthalts in England soviel Buße getan und soviel Vergebung erlangt, wie an diesem Abend. Dieser Abend war schlimmer als die ganze Fastenzeit. Er zählt (sagte der Nolander) soviel wie vierzig Tage und vierzig Nächte Fasten. Heute abend war ich in der Wüste und habe nicht nur durch eine oder drei, sondern durch vierzig Versuchungen vierzigtausend Jahre allgemeinen Sündenerlaß erhalten.

PRUDENZIO *Per modum suffragii.*

TEOFILO Und das, meiner Treu, nicht nur für die Sünden, die ich begangen habe, sondern auch für viele andere, dich ich noch begehen könnte.

PRUDENZIO *Supererogatorie.*

FRULLA Ich möchte wissen, ob er die Schläge und derben Stöße, die, wie Du sagst, vierzig an der Zahl gewesen sein sollen, gezählt hat. Das erinnert mich an Meister Mamfurio, dem gewisse Schurken ich weiß nicht wie viele Schläge verabreichten[18].

TEOFILO Hätte er gewußt, daß es so viele Stöße sein würden, hätte er sie vielleicht auch gezählt. Aber er glaubte immer, jeder müsse der letzte sein. Es war auch immer der letzte, allerdings nur in bezug auf die vorangegangenen. Wenn er sagt, es seien vierzig gewesen, so machte er es vielleicht dem frommen Sünder nach, der in der Beichte auf die Frage nach dem *quoties*, d. h. wie oft, da er sich überhaupt nicht mehr an die Zahl erinnern kann, vorsichtshalber lieber eine hohe als eine niedrige nennt, aus Furcht, wenn er zu wenig sagt, könne eher eine Sünde unvergeben bleiben, als wenn er zuviel sagt und er beim Beichtvater eine gut behält. Ich will nicht davon reden, daß es weniger Vergnügen bereitet, die Stöße und Schläge am eigenen Leibe zu verspüren, als davon zu erzählen. Denn am Leibe spürt man sie nicht ohne Schmerz und Kummer, über die Lippen hingegen gehen zwei ebenso leicht wie zwölf, vierzig, hundert oder tausend. Doch wie viele es auch immer gewesen sein mögen, die des Nolaners konnte ich nicht zählen, wohl aber die, die mich trafen. Der Nolaner ging hinter den anderen, wie es die zu tun pflegen, die dem Begleiter den Vortritt lassen, wenn es gefährlich wird. Er hatte sich allerdings getäuscht, denn von hinten hagelte es nicht weniger Schläge durch die Nachfolgenden als von vorn durch die Entgegenkommenden. Doch um möglichst wenig Schaden zu nehmen, machte er es wie ein Oberer, der den Mönchen folgt, oder wie bei den Soldaten, wenn es in die Schlacht geht (wo er im Augenblick tatsächlich zu sein glaubte, da er lauter Schläge zerberstender Lanzen auf dem Rücken verspürte). Er benutzte uns als Schild und hielt sich zurück wie ein guter Feldherr, der zum Wohl seines Heeres, das bei seinem Tod verloren wäre, sich in den hinteren Reihen sicher und weitab vom Schuß aufhält, damit er sich im Notfall davonmachen kann, um herbeieilenden Hilfstruppen die nötigen Befehle zu erteilen oder aber um selber die Nachricht von der Niederlage überbringen zu können. In dieser Reihenfolge, einer nach dem anderen marschierend, konnten wir ihn nicht sehen, da wir mit uns selber so beschäftigt waren, daß wir uns nicht umdrehen konnten und keine Gelegenheit hatten, Gesten zu machen, die uns noch mehr in Gefahr gebracht hätten.

PRUDENZIO *Optime consultum.*

TEOFILO Doch gerade als wir an der Pyramide nahe des Palastes angekommen waren, wo drei Straßen zusammenlaufen –

PRUDENZIO *In trivio.*

TEOFILO – da kamen uns sechs Ehrenmänner entgegen mit einem Jungen, der eine Laterne trug, und einer von ihnen gab mir so einen Stoß, daß ich mich nach hinten drehte, wo ich sah, wie ein anderer dem Nolaner einen doppelten Stoß versetzte, der so gut gemeint und kräftig war, daß er für zehn hätte gelten können. Darauf erhielt der Nolaner noch einen, der ihn gegen die Mauer schleuderte, und der für weitere zehn gelten konnte.

PRUDENZIO *In silentio, et spe, erit fortitudo vestra. Si quis dederit tibi alapam; tribue illi et alteram.*

TEOFILO Das war der letzte Sturm. Denn, nachdem wir so schwierige Pfade begangen, so zweifelhafte Seitenwege durchschritten, so reißende Flüsse überquert, so sandige Ufer hinter uns gelassen, so sumpfiges Gelände bewältigt, so tückischen Schlamm durchwatet, so steinige Bäche mühsam durchlaufen, so unfreundliche Begegnungen überstanden, so schlüpfrige Wege begangen, so harten Steinen begegnet und an so gefährliche Klippen gestoßen waren, kamen wir kurz darauf durch die Gnade des Heiligen Fortunius und des Himmels lebendig in den Hafen, *idest* an die Tür, die sich sofort öffnete, als wir anklopften. Wir traten ein und trafen unten zahlreiche verschiedene Diener verschiedener Herren, die, ohne sich um uns zu kümmern und ohne Verbeugung oder sonst einem Zeichen der Ehrerbietung, durch ihre Gesten uns ihre Verachtung deutlich spüren ließen und uns schließlich die Gunst erwiesen, uns die Tür zu zeigen. Wir traten ein, stiegen die Treppen hinauf und fanden die Gesellschaft, die sich nach langem Warten voller Verzweiflung schon zu Tisch gesetzt hatte. Nach dem Guten Tag und Wie geht's –

PRUDENZIO Begrüßungen.

TEOFILO – und einigen anderen kleinen Zeremonien (Besonders lustig war, wie einer der Unsrigen, den man gebeten hatte, sich an den letzten Platz des Tisches zu setzen, glaubte, dort sei der erste, und sich aus Bescheidenheit auf den ersten Platz setzen wollte. Da gab es ein kurzes Hin und Her zwischen denen, die ihm aus Höflichkeit den letzten Platz anbieten wollten, und ihm, der aus Bescheidenheit den ersten einnehmen wollte.) setzte sich schließlich Herr Florio einem Ritter gegenüber, der am Kopf der Tafel saß. Herr Fulk saß rechts von Herrn Florio, ich und der Nolaner links. Dr. Torquato nahm zur Linken des Nolaners Platz, Dr. Nundinio dem Nolaner gegenüber.

SMITH Nun lassen wir sie speisen, sie mögen am Tisch bis morgen ausruhen.

FRULLA Sicherlich wird es nicht so viele Bissen geben wie vorher Schritte nötig waren.

SMITH Da werden die Worte einspringen. Auf Wiedersehen.

FRULLA Adieu.

PRUDENZIO *Valete*.

Ende des zweiten Dialogs

DRITTER DIALOG

TEOFILO Nachdem Dr. Nundinio Haltung eingenommen, den Rücken etwas gestreckt, beide Hände auf den Tisch gelegt, ein wenig *circum circa* geblickt, die Zunge gelockert, den Blick am Himmel aufgeheitert, ein feines Lächeln aufgesetzt und einmal ausgespuckt hatte, begann er auf folgende Weise:

PRUDENZIO *In haec verba, in hosce prorupit sensus.*

Erste Behauptung des Nundinio

TEOFILO *Intelligis domine quae diximus?* Er fragte ihn, ob er Englisch verstehe. Der Nolaner antwortete, nein, und sagte die Wahrheit.

FRULLA Um so besser für ihn, weil er mehr unangenehme und schändliche Dinge vernehmen würde als das Gegenteil. Es hat sein Gutes, dann gezwungenermaßen taub zu sein, wenn man es freiwillig nicht sein könnte. Doch glaube ich eher, er verstand die englische Sprache sehr wohl, verstellte sich aber, um nicht all die unhöflichen Begegnungen zum Anlaß für Streit nehmen zu müssen und um besser über die Sitten derjenigen, denen er begegnet, Betrachtungen anstellen zu können.

PRUDENZIO *Surdorum, alii natura, alii physico accidente, alii rationali voluntate.*

TEOFILO Glaubt nur das nicht vom Nolaner; denn wenn er auch schon fast ein Jahr in England weilt, versteht er doch nicht mehr als zwei oder drei ganz alltägliche Wörter, von denen er weiß, daß es Begrüßungsformeln sind, ohne jedoch ihre genaue Bedeutung zu kennen. Und wenn er eins davon aussprechen sollte, so wäre er dazu nicht imstande.

Sмітн Was soll es heißen, daß er so wenig Wert darauf legt, unsere Sprache zu verstehen?

Teofilo Nichts zwingt ihn dazu oder gibt ihm Anlaß. Die angesehenen Leute aus dem Adelsstand, mit denen er sich zu unterhalten pflegt, sprechen nämlich alle entweder Französisch, Spanisch oder Italienisch. Da sie wissen, daß die englische Sprache nur auf dieser Insel gesprochen wird, würden sie sich für ungebildet halten, wenn sie außer ihrer Muttersprache keiner weiteren mächtig wären.

Sмітн Das ist durchaus richtig; denn es ist nicht nur für einen wohlgeborenen Engländer, sondern auch für die Bewohner jedes anderen Landes eine Schande, nur eine Sprache zu sprechen. Doch gibt es in England (und sicherlich auch in Italien und Frankreich) viele Adlige, die sich in dieser Lage befinden, und mit denen sich derjenige, dem die Landessprache fremd ist, nicht ohne die Unsicherheit unterhalten kann, die man empfindet, wenn man sich eines Dolmetschers bedienen muß.

Teofilo Es gibt aber auch viele Edelleute, die nur durch Geburt adelig sind, und bei denen es von Vorteil ist, wenn man sie nicht versteht und am besten auch gar nicht sieht.

Zweite Behauptung des Nundinio

Sмітн Was fügte Dr. Nundinio hinzu?

Teofilo Ich möchte Euch nun unsere Meinung erklären, sagte er auf Latein, daß man nämlich annehmen müsse, Kopernikus sei nicht der Ansicht gewesen, die Erde bewege sich; denn das ist widersinnig und unmöglich. Lediglich zur Erleichterung der Berechnungen ließ er die Erde anstelle des achten Himmels sich bewegen. Darauf entgegnete der Nolaner, wenn Kopernikus die Erde sich nur aus diesem und keinem anderen Grunde hätte bewegen lassen, so würde er wenig davon verstehen. Es sei aber sicher, daß Kopernikus das, was er sagt, auch gemeint und nach Kräften bewiesen hat.

Smith Wie kommt es dann aber, daß jene so leichtfertig über die Auffassung des Kopernikus urteilen, wenn sie sich nicht auf eine Äußerung von Kopernikus selbst stützen können?

Teofilo Dieses Gerede stammt von Dr. Torquato, der vom ganzen Kopernikus (wenn ich auch annehmen möchte, daß er ihn ganz durchgeblättert hat) nicht mehr als den Namen des Verfassers, den Titel des Buches, den Namen des Druckers, den Ort, das Jahr und die Zahl der Bogen und Seiten behalten hat. Da er überdies in Latein nicht unbewandert ist, hat er auch einen gewissen Einleitungsbrief verstanden, der dem Werk von irgendeinem unwissenden und anmaßenden Esel vorangestellt worden ist und in dem dieser Esel den Leser, noch bevor er das Buch gelesen und über seine Behauptungen nachgedacht hat, auf folgende Weise belehrt[19] (als wolle er mit seinen Entschuldigungen dem Autor einen Dienst erweisen oder vielleicht auch, um das Buch für die übrigen Esel genießbar zu machen, damit sie es nicht gänzlich ungesättigt wieder wegzulegen brauchen): »Ich zweifele nicht, daß einige Gelehrte« (sehr richtig sagt er »einige«, denn er könnte selbst einer von ihnen sein) »an den neuen Annahmen dieses schon so berühmt gewordenen Werkes, welches die Erde sich bewegen und die Sonne in der Mitte des Weltalls feststehen läßt, starken Anstoß nehmen, weil sie fürchten, daß die schon seit langem so schön geordneten freien Künste wieder in Verwirrung geraten könnten. Wenn sie aber die Sache genauer bedenken, so werden sie finden, daß der Verfasser keinen Tadel verdient. Denn wenn es den Astronomen, deren Aufgabe darin besteht, sorgfältige und kunstgerechte Aufzeichnungen der Himmelsbewegungen zu liefern, auf keine Weise gelingt, die wahren Ursachen der Bewegungen aufzudecken, so steht es ihnen doch frei, sich solche beliebig auszudenken und nach geometrischen Grundsätzen zurechtzulegen, mit denen sich die Himmelsbewegungen in Vergangenheit und Zukunft berechnen lassen. Daher brauchen diese Annahmen nicht nur nicht wahr, sondern nicht einmal wahrscheinlich zu sein. Als solche müssen auch die Hypothesen des Verfassers betrachtet werden; es sei denn, jemand wäre der Optik und Geometrie so unkundig, daß er annähme, die Abweichung der Venus nach beiden Seiten der Sonne um mehr als 40° werde tatsächlich von der epizyklischen Bewegung der Venus verursacht. Wäre das der Fall, wer könnte dann so blind sein, um nicht zu sehen, daß wider alle Erfahrung der Durchmesser dieses Sternes viermal und seine Oberfläche mehr als sechzehnmal größer erscheinen müßten, wenn er sich in Erdnähe, *in opposito augis*, als wenn er sich in Erdferne, d. h. *in auge* befindet[20]? Dazu kämen noch weitere, nicht minder abwegige Annahmen, die nicht angeführt zu werden brauchen.« Und zum Schluß heißt es: »Benutzen wir also den Schatz dieser Annahmen allein wegen der großen und bewundernswerten Leichtigkeit der Berechnungen.

Sollte aber jemand die Erdichtungen für wahr halten, so wird er aus dieser Wissenschaft törichter hervorgehen, als er in sie eingetreten ist.«

Fürwahr ein feiner Türhüter! Seht nur, wie schön er das Tor öffnet, um Euch eintreten und an dieser herrlichen Erkenntnis des Kopernikus teilnehmen zu lassen, ohne die die Kunst des Rechnens, Messens, Zeichnens und Entwerfens nichts als ein Zeitvertreib für findige Narren ist! Wie treu er dem Hausherrn dient!

Kopernikus hat nicht allein ausgesprochen, daß die Erde sich bewegt, er hat das auch in seinem Brief an den Papst beteuert und bestärkt, worin er schreibt, die Philosophen unterschieden sich in ihren Ansichten sehr von denen der Menge, welche es nicht wert seien, geteilt zu werden, ja, vor denen man sich besonders hüten müsse, da sie der Wahrheit und dem, was richtig ist, genau widersprächen. Er bringt noch viele andere ausdrückliche Beweise seiner Überzeugung, wenn es auch, nach dem übereinstimmenden Urteil sowohl derer, die seine Philosophie verstehen, als auch der reinen Mathematiker, am Ende so scheint, als wolle er, sollte seine Annahme wegen der scheinbaren Schwierigkeiten keine Zustimmung finden, gewissermaßen auch für sich die Freiheit in Anspruch nehmen dürfen, die Bewegung der Erde anzunehmen, um bessere Erklärungen zu liefern als die Alten, denen es freistand, alle möglichen Arten und Kombinationen von Kreisen auszudenken, um die Himmelserscheinungen zu erklären[21]. Daraus aber kann man nicht den Schluß ziehen, daß Kopernikus an dem zweifelt, was er beständig versichert und im ersten Buch ja auch beweist, wo er hinreichend auf einige Einwände derjenigen antwortet, die das Gegenteil vertreten. Dort gibt er sich nicht nur als Mathematiker, der mit bloßen Annahmen arbeitet, sondern als Physiker, der die Erdbewegung beweist.

Doch im Grunde bedeutet es dem Nolaner wenig, daß Kopernikus, der Pythagoreer Nicetas aus Syrakus, Philolaos, Heraklit von Pontos, der Pythagoreer Ekphantos, Plato im *Timaios* (wenn auch nur zurückhaltend und unsicher, da er mehr daran glaubte, als es wirklich beweisen zu können), der göttliche Cusaner im zweiten Buch seiner *Wissenden Unwissenheit* und andere in jeder Hinsicht außergewöhnliche Geister vor ihm dasselbe gesagt, gelehrt und dargetan haben[22]; denn er stützt sich auf eigene und zuverlässige Gründe, durch die er unabhängig von allen Autoritäten, allein auf Grund seines eigenen Verstandes seiner Sache so sicher ist, wie man einer Sache nur sicher sein kann.

SMITH Sehr schön, doch wie verhält es sich mit dem Argument jenes Vorwort-Schreibers im Kopernikus, nämlich daß es mehr als wahrscheinlich sei (wenn es auch nicht wahr ist), daß Venus im Epizykel ihre scheinbare Größe gemäß ihrer Entfernung von der Erde ändern müßte.

TEOFILO Ich weiß nicht, ob dieser Tor, der befürchtet, es könnte einigen durch die Lehre des Kopernikus der Kopf verdreht werden, bei Bedarf wirklich noch weitere Einwände hätte anführen können außer diesem einen mit so viel Gewicht vorgebrachten, den er für Beweis genug hält, daß nur jemand, der von Optik und Geometrie nichts versteht, so etwas annehmen könne. Ich möchte wissen, welche Optik und Geometrie dieser Esel meint, der nur zu deutlich erkennen läßt, wie wenig er und seine Lehrer von der wahren Optik und Geometrie verstehen. Wie soll man von der scheinbaren Größe leuchtender Körper auf ihre jeweilige Entfernung schließen können, und wie soll sich umgekehrt aus der Ferne und Nähe solcher Körper eine entsprechende Veränderung ihrer scheinbaren Größe ergeben? Nach welchem perspektivischen oder optischen Gesetz sollen wir aus jeder Veränderung des scheinbaren Durchmessers die wechselnde wirkliche Entfernung bestimmen können? Ich hätte gern gewußt, ob wir fehlgehen, wenn wir behaupten, aus der scheinbaren Größe eines leuchtenden Körpers lasse sich nicht auf seine wirkliche Größe und Entfernung schließen. Denn zur Bestimmung der Größe oder Entfernung macht es nicht nur einen Unterschied, ob der Körper dunkel ist oder leuchtet, sondern es kommt auch darauf an, wie stark er leuchtet. Den Kopf eines Menschen kann man aus zwei Meilen Entfernung nicht mehr sehen, eine viel kleinere Laterne hingegen oder sonst eine Flamme ist ohne großen Unterschied (wenn überhaupt einer besteht) aus einer Entfernung von 60 Meilen zu erkennen, so wie man aus Otranto in Apulien oft über ein großes Stück des ionischen Meeres hinweg die Lichter von Valona an der albanischen Küste sehen kann. Ein jeder, der Sinn und Verstand besitzt, weiß, daß die Lichter, die man jetzt aus 70 Meilen Entfernung wahrnimmt, bei doppelter Leuchtkraft ohne Größenunterschied aus 140 Meilen Entfernung sichtbar waren. Bei dreifacher Leuchtkraft sogar aus 210, bei vierfacher aus 280 Meilen Entfernung und immer so fort im gleichen Verhältnis. Denn daß scheinbarer Durchmesser und Umfang des leuchtenden Körpers gleich bleiben, liegt mehr an der Beschaffenheit und Stärke seines Lichtes als an seiner Größe. Wollt Ihr etwa behaupten, Ihr weisen Optiker und schlauen Perspektiviker, daß ein Licht, welches aus 100 Stadien Entfernung 4 Zoll Durchmesser besitzt, aus 50 Stadien 8 Zoll Durchmesser haben müsse, aus 25 Stadien 16, aus 12½ Stadien 32 Zoll und so fort, bis es in nächster Nähe schließlich so groß wird, wie Ihr glaubt?

SMITH Nach dem, was Ihr da sagt, dürfte also die Anschauung Heraklits von Ephesus, wenn sie auch falsch ist, mit geometrischen Argumenten nicht zu widerlegen sein, nämlich daß die Sonne genau so groß sei, wie sie unserem Auge erscheint. Dem stimmte Epikur zu, wie aus seinem *Brief an Pythokles* hervorgeht, und im 11. Buch von *De natura* (wie Diogenes Laertius berichtet) sagt er, soweit er es beurteilen könne, seien Sonne, Mond und die anderen Sterne genauso groß wie wir sie sehen; denn (heißt es) wenn sie durch die Entfernung an Größe einbüßten, würden sie mit noch mehr Grund auch an Leuchtkraft abnehmen; und sicherlich (fährt er fort) gilt für jene Lichter dasselbe wie für die auf der Erde.

PRUDENZIO *Illud quoque Epicureus Lucretius testatur quinto* De natura *libro:*

Nec nimio solis maior rota, nec minor ardor
Esse potest, nostris quam sensibus esse videtur.
Nam quibus e spaciis cumque ignes lumina possunt
Adiicere, et calidum membris adflare vaporem.
Illa ipsa intervalla nihil de corpore limant
Flammarum, nihilo ad speciem est contractior ignis.
Luna quoque sive Notho fertur, sive lumine lustrans,
Sive suam proprio iactat de corpore lucem.
Quicquid id est nihilo fertur maiore figura.
Postremo quoscunque vides hinc aetheris ignes,
Dum tremor est clarus, dum cernitur ardor eorum,

Scire licet perquam pauxillo posse minores
Esse, vel exigua maiores parte brevique,
Quando quidem quoscunque in terris cernimus ignes
Perparvum quiddam interdum mutare videntur,
Alterutram in partem filum, cum longius absint.

TEOFILO Gewiß habt Ihr recht, daß die Perspektiviker und Geometer mit ihren geläufigen Argumenten nichts gegen die Epikureer ausrichten können, und das gilt nicht etwa nur für die Toren vom Schlage jenes Türhüters im Kopernikus, sondern auch für die vernünftigsten unter ihnen. Wir werden sehen, wie sie von einer bestimmten Entfernung, wie dem Durchmesser des Venusepizykels auf die Größe des Planetendurchmessers schließen können und ähnliches[23].

Aber ich möchte Euch noch auf etwas anderes hinweisen. Seht Ihr, wie groß der Erdkörper ist? Wißt Ihr, daß wir von ihm nur soviel wahrnehmen können, wie der künstliche Horizont uns erlaubt?

SMITH So ist es.

TEOFILO Glaubt Ihr, wenn es Euch möglich wäre, Euch von der gesamten Erdkugel zu entfernen und an einen beliebigen Ort in der Ätherregion zu begeben, daß Euch die Erde jemals größer erscheinen würde?

SMITH Ich glaube nicht; denn es gibt keinen Grund, weshalb die Sichtlinie meines Auges stärker werden und ihren Radius, der den Durchmesser des Horizontes bestimmt, verlängern sollte.

TEOFILO Sehr richtig. Daher muß man annehmen, daß mit zunehmender Entfernung der Horizont immer kleiner wird. Doch zugleich mit dieser Verringerung des Horizontes bemerkt Ihr, daß wir immer mehr von dem undeutlich wahrnehmen, was außerhalb des schon um-

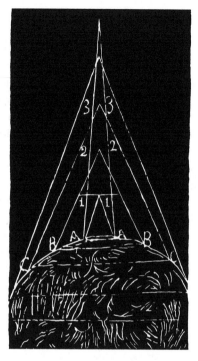

faßten Horizontes liegt. Das läßt sich an folgender Figur zeigen, in der der künstliche Horizont 1 – 1 ist, dem der Kreisbogen A – A entspricht. Der erste verkleinerte Horizont ist 2 – 2, dem der Kreisbogen B – B entspricht. Der dritte verkleinerte Horizont ist 3 – 3, dem der Bogen C – C entspricht. Der vierte verkleinerte Horizont ist 4 – 4, dem der Bogen D – D entspricht. Mit fortschreitender Verkleinerung des Horizontes wächst die Länge des sichtbaren Bogens bis zum Halbkreis und darüber hinaus. Aus ungefähr dieser Entfernung erschiene uns die Erde mit denselben Merkmalen wie jetzt

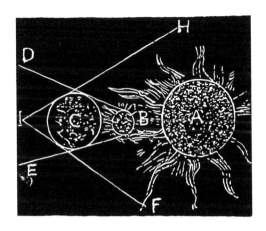

der Mond, auf dem wir leuchtende und dunkle Teile unterscheiden, je nachdem, ob die Oberfläche Wasser oder Land ist. Je mehr sich also der Blickwinkel verengt, um so größer wird die Grundlinie des sichtbaren Kreisbogens und um so kleiner erscheint der Horizont, der jetzt immer noch so genannt werden soll, obwohl Horizont gemeinhin nur eine einzige eigentliche Bedeutung besitzt. Mit zunehmender Entfernung wird von der Halbkugel immer mehr sichtbar, und das Licht vereint sich mit abnehmendem Durchmesser immer stärker, so daß, wären wir weiter vom Mond entfernt, seine Flecken immer mehr zusammenschrumpfen würden, bis wir nur noch einen winzigen leuchtenden Körper sehen könnten.

SMITH Mir scheint, es handelt sich hier um eine nicht alltägliche und nicht unbedeutende Einsicht. Aber ich bitte Euch, wenden wir uns der Meinung Heraklits und Epikurs zu, die, wie Ihr sagt, mit allen perspektivischen Argumenten nicht zu widerlegen ist, da die geltenden

Prinzipien dieser Wissenschaft unzulänglich seien. Um nun diese Unzulänglichkeiten aufzudecken und einigen Nutzen aus Eurer Erfindung zu ziehen, möchte ich gern den Beweisgang verstehen, mit dem sich überzeugend dartun läßt, daß die Sonne nicht nur groß, sondern auch größer als die Erde ist. Der Beweis geht davon aus, daß ein leuchtender Körper, der sein Licht auf einen kleineren dunklen wirft, in diesem die Grundfläche eines Schattenkegels erzeugt, der in die der Lichtquelle entgegengesetzte Richtung fällt. Das zeigt folgende Figur, in der der leuchtende Körper M von der Grundlinie HI des Körpers C aus den Schattenkegel bis zum Punkt N wirft[24]. Ist der leuchtende Körper hingegen kleiner als der dunkle, so läßt sich kein bestimmter Ort für die Grundlinie des entstehenden Schattenkegels angeben, und es scheint, als wolle ein unendlicher Kegel entstehen, wie aus derselben Figur hervorgeht, in der der leuchtende Körper A durch den dunklen Körper C einen Schattenkegel bildet, dessen Linien CD, CE immer mehr auseinanderlaufen und eher ins Unendliche gehen, als eine abschließende Grundlinie zu erreichen. Aus dieser Überlegung folgt, daß die Sonne ein größerer Körper ist als die Erde, da sie den Schattenkegel der Erde nicht weiter als bis zur Sphäre des Merkur sendet. Wäre die Sonne kleiner als die Erde, dann müßte, wenn sich die Sonne in der unteren Hemisphäre befindet, unser Himmel eher verdunkelt als beleuchtet sein, vorausgesetzt, daß alle Sterne ihr Licht von der Sonne erhalten.

TEOFILO Nun will ich Euch noch darlegen, wie ein leuchtender Körper mehr als die Hälfte eines dunklen Körpers, der größer ist als er, bestrahlen kann. Ihr müßt Euch an das halten, was uns die Erfahrung lehrt. Neh-

men wir zwei Körper A und N an. A sei dunkel und groß, N klein und leuchtend. Wie aus der folgenden Figur ersichtlich ist, bestrahlt der leuchtende Körper aus der ersten und kleinsten Entfernung von dem großen Körper nur den Bogen CD mit der Grundlinie B1. Aus der zweiten, weiteren Entfernung wird er mehr beleuchten, nämlich den größeren Bogen EF mit der Grundlinie B2, und aus der dritten, noch weiteren Entfernung wird sich seine Beleuchtung auf den größten Bogen GH mit der Grundlinie B3 ausdehnen. Hieraus läßt sich folgern, daß der leuchtende Körper B bei entsprechender Entfernung schließlich mehr als die Halbkugel erhellen kann, wenn er nur genügend Licht besitzt, um einen so großen Raum zu durchdringen, wie für diesen Zweck erforderlich ist; denn es besteht kein

Grund, weshalb die Entfernung, die es dem leuchtenden Körper gestattet, die eine Hälfte der Kugel zu bestrahlen, ihn nicht auch in die Lage versetzen sollte, ebenso die andere Hälfte zu erfassen. Es kommt noch hinzu, daß der leuchtende Körper seinen Durchmesser nur sehr langsam und kaum merklich, der dunkle Körper hingegen (wie groß er auch sein mag) sehr viel schneller verliert. So werden mit zunehmender Entfernung die Lichtstrahlen, welche die sich stets vergrößernden Sehnen CD, EF bis zum Durchmesser GH begrenzen, schließlich auch die wieder schrumpfenden Sehnen jenseits des Durchmessers treffen, bis daß der dunkle Körper die gegenseitige Sicht diametral einander gegenüberliegender Körper nicht mehr behindert. Das hat seinen Grund darin, daß das Hindernis mit abnehmendem Durchmesser sich in dem Maße verkleinert, in dem der Winkel B spitzer wird. Schließlich muß der Winkel so spitz werden (denn nur ein Tor kann glauben, die physische Teilung eines endlichen Körpers ließe sich ins Unendliche, sei es aktuell oder potentiell, fortführen), bis er ganz aufhört, ein Winkel zu sein, und nur noch eine Gerade bildet, auf der zwei einander gegenüberstehende sichtbare Körper gegenseitig wahrgenommen werden können, ohne daß ein dunkler Körper dazwischen in irgendeinem Punkte ein Hindernis bildete, da er alle Verhältnisse und Unterschiede des Durchmessers, die bei den leuchtenden Körpern erhalten bleiben, einbüßt. Nur muß der mittlere dunkle Körper von den beiden leuchtenden genügend Abstand haben, damit sein Durchmesser nicht mehr in Erscheinung tritt. Das läßt sich bei der Erde beobachten, deren Durchmesser nicht verhindert, daß zwei diametral gegenüberliegende Sterne sich gegenseitig sehen, so wie

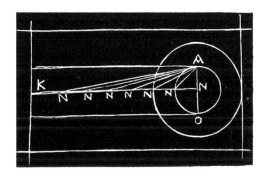

das Auge ohne jeden Unterschied den einen und den anderen Stern vom Mittelpunkt der Halbkugel N und von den Punkten ihres Umfangs ANO sehen kann (wenn man sich zu diesem Zweck vorstellt, die Erde sei durch den Mittelpunkt in zwei gleiche Teile geteilt, damit jede perspektivische Linie ihren festen Ort hat). Das wird an der vorliegenden Figur leicht klar. Die Linie AN bildet als Durchmesser mit der Tangente einen rechten Winkel. Vom zweiten Punkt aus bildet sie einen spitzen Winkel, vom dritten einen noch spitzeren Winkel, bis er schließlich notwendig so spitz wird, daß am Ende gar kein Winkel, sondern nur noch eine Gerade übrig bleibt. Daher wird das Verhältnis und der Unterschied des Radius und folglich auch des gesamten Durchmessers AO aufgehoben. Daraus ergibt sich notwendig, daß zwei leuchtende Körper, deren Durchmesser sich nur langsam verringert, an ihrer gegenseitigen Sicht nicht behindert werden, da ihr Durchmesser im Gegensatz zu dem dazwischen liegenden dunklen oder weniger leuchtenden Körper erhalten bleibt.

Es ergibt sich also der Schluß, daß ein großer Körper, der seinen Durchmesser leichter verliert, die Sicht zweier noch so kleiner Körper nicht behindert, selbst wenn er genau mitten zwischen ihnen steht, vorausgesetzt, der Durchmesser der kleinen Körper bleibt noch sichtbar, wenn der des größeren Körpers schon verschwunden ist. Damit aber auch ein weniger geübter Geist leicht zum Verständnis der angeführten Gründe gelangen und die Schwierigkeiten möglichst bewältigen kann, laßt ihn folgenden Versuch durchführen: Wenn er sich einen Stab nahe vor das Auge hält, so wird er das Licht einer in einiger Entfernung aufgestellten Kerze überhaupt nicht mehr wahrnehmen können. Je mehr er den Stab dann vom Auge entfernt und dem Licht nähert, um so weniger wird die Sicht behindert. Kommt der Stab dem Licht schließlich so nahe, wie er vorher dem Auge war, wird er vielleicht nicht einmal so viel Licht wegnehmen, wie er breit ist.

Wenn man dann den Stab an seinem Ort beläßt und das Licht entfernt, wird er die Sicht noch viel weniger behindern, bis man bei wachsender gleichmäßiger Entfernung sowohl des Auges als auch des Lichtes vom Stabe schließlich nur noch das Licht sieht, ohne den Stab überhaupt wahrzunehmen. Durch diesen Versuch wird man auch einen noch so schwerfälligen Geist dahin bringen können, zu verstehen, was oben gesagt wurde.

SMITH Was diesen Punkt anbelangt, so kann ich mit Euren Ausführungen sehr zufrieden sein. Doch mir bleibt noch eine Unklarheit zu dem, was Ihr vorher gesagt habt. Wieso würden wir aus großer Entfernung, wenn wir den Horizont, dessen Durchmesser immer kleiner wird, nicht mehr wahrnehmen, die Erde als Stern sehen? Es wäre schön, wenn Ihr darüber noch etwas mehr sagen könntet, zumal Ihr der Meinung seid, daß es viele, ja unzählige Erden gibt, die der unseren gleichen. Ich erinnere mich auch, gelesen zu haben, daß der Cusaner, auf dessen Urteil, wie ich weiß, Ihr sehr viel gebt, der Meinung ist, die Sonne bestehe ebenso aus ungleichartigen Teilen wie der Mond und die Erde. Daher sagt er, daß wir in der Mitte des mehr am Rand glänzenden Sonnenballes eine beträchtliche Trübung bemerken können, wenn wir unser Auge nur aufmerksam darauf richten[25].

TEOFILO Vom Cusaner göttlich erkannt und ausgedrückt, von Euch im richtigen Zusammenhang angeführt! Wenn ich mich recht erinnere, habe ich vorhin gesagt (da der dunkle Körper seinen Durchmesser leicht, der leuchtende ihn nur schwer einbüßt), daß die dunklen Flecken mit der Entfernung immer mehr verschwinden, die kristallin-reflektierenden oder auf andere Weise leuchtenden Teile hingegen sich sozusagen zusammenschließen, so daß aus den verschiedenen leuchtenden Teilen ein einziges zusammenhängendes Licht entsteht. Daher würde der Mond, wäre er nur weiter entfernt, nicht die Sonne verdunkeln, und ohne Schwierigkeit wird jeder, der sich in diesen Dingen auskennt, einsehen, daß der Mond aus größerer Entfernung auch heller leuchten würde. Befänden wir uns aber auf dem Mond, so würde er uns nicht mehr hell erscheinen, ebensowenig wie wir auf der Erde das Licht wahrnehmen, welches diese zu den Bewohnern des Mondes ausstrahlt und welches vielleicht stärker ist als das Licht, das der Mond durch die Reflexion der Sonnenstrahlen in seinem flüssigen Kristall uns sendet. Was das Sonnenlicht im besonderen betrifft, so bin ich mir bis jetzt noch nicht sicher, ob es sich damit genauso oder anders verhält. Doch wir sind schon zu weit vom Thema abgeschweift, und es scheint mir an der Zeit, auf die übrigen Punkte unserer Ausführungen zurückzukommen.

SMITH So laßt uns denn die anderen leeren Behauptungen hören, die Nundinio vorgebracht hat.

Dritte Behauptung des Dr. Nundinio

TEOFILO Nundinio sagte darauf, es sei unwahrscheinlich, daß die Erde sich bewege, da sie doch Mittel- und Schwerpunkt des Weltalls sei und als solcher das feste und bleibende Fundament jeder Bewegung[26]. Der Nolaner antwortete, dasselbe könne derjenige anführen, der die Sonne im Mittelpunkt des Alls und folglich unbeweglich und fest stehen läßt wie Kopernikus und viele andere, die den Umfang der Welt für begrenzt halten[27]. So vermöge sein Argument (wenn es überhaupt eines ist) gegen sie nichts auszurichten, da es das, was erst bewiesen werden soll, voraussetzt. Auch sei es kein Argument gegen den Nolaner, der die Welt für unendlich hält und für den sich folglich kein Körper im absoluten Mittelpunkt, am äußersten Rand oder dazwischen befinden kann, da sich seine Lage immer nur in bezug auf andere Körper oder beliebig festgesetzte Punkte bestimmen läßt.

SMITH Was haltet ihr davon?

TEOFILO Vortrefflich gesagt; denn wie keiner der natürlichen Körper sich als vollkommen kugelförmig erwiesen hat und folglich auch keinen absoluten Mittelpunkt besitzt, ebensowenig können wir mit dem Auge eine Bewegung der natürlichen Körper wahrnehmen, die nicht beträchtlich von der absolut kreisförmigen und regelmäßigen Bewegung um einen Mittelpunkt abweicht[28]. Mögen sich auch diejenigen noch solche Mühe geben, die sich jene Lückenbüßer und Füllsel, wie ungleiche Kreise, verschiedene Durchmesser und andere Pflaster und Rezepte ausdenken, um die Natur soweit zu kurieren, bis jede Bewegung, Meister Aristoteles oder einem anderen zu Diensten, schließlich doch stetig und regelmäßig um den Mittelpunkt verläuft. Für uns aber, die wir nicht unwirkliche Schatten, sondern die Dinge selbst sehen, gibt es nur einen luftigen, ätherischen, von Geist durchdrungenen, flüssigen Körper, einen Raum, der Ruhe und Bewegung in sich faßt, einen unermeßlichen und unendlichen Schoß (das wenigstens müssen wir behaupten, da wir mit den Sinnen und der Vernunft keine Grenze entdecken können), und wir wissen sicher, daß dieser Raum als Wirkung und Erzeugnis einer unendlichen Ursache und eines unendlichen Prinzips auf unendliche Weise unendlich sein muß. Ich bin gewiß, daß weder Nundinio noch all die anderen, die behaupten, etwas davon zu verstehen, jemals auch nur einen halbwegs wahrscheinlichen Grund dafür anführen können, daß dieses körperhafte Weltall begrenzt, folglich auch die Zahl der Gestirne in ihm endlich sei und es ferner einen natürlichen Mittel- und Schwerpunkt besitze.

SMITH Fügte Nundinio dem etwas hinzu? Konnte er irgendeinen Grund nennen oder es wenigstens wahrscheinlich machen, daß das Weltall 1. endlich sei, 2. die Erde im Mittelpunkt stehe und 3. diese Mitte gänzlich unbeweglich sei?

TEOFILO Es ging Nundinio wie einem, der das, was er behauptet, aus Glauben und Gewohnheit behauptet, und was er leugnet, nur wegen der Ungewohnheit und Neuheit leugnet, wie es bei Leuten üblich ist, die nicht genügend nachdenken und ihre Gedanken und Gefühle nicht beherrschen. Er war verdutzt und sprachlos, als sähe er plötzlich ein Gespenst vor sich. Da er aber etwas zurückhaltender und weniger aufgeblasen und boshaft war als sein Kollege, machte er nicht viele Worte, wo er keine Gründe wußte, und schwieg.

FRULLA Ganz anders benimmt sich Dr. Torquato, der auf Biegen und Brechen und auf Teufel komm 'raus immer recht behalten will, auch wenn er das Schild zur Verteidigung und das Schwert zum Angriff verloren hat, d. h. wenn er keine Antwort mehr weiß und keine Gründe mehr besitzt. Dann fängt er an, vor Wut mit den Füßen zu stampfen, den Stachel der Verleumdung zu wetzen, grimmig Beschimpfungen auszustoßen und lauthals zu schreien, um so zu verhindern, daß Gegengründe vorgebracht werden und zu den Ohren der Anwesenden dringen können, wie ich mir habe erzählen lassen.

SMITH Nundinio hat also keinen Ton mehr gesagt?

TEOFILO Nein, dazu nicht, sondern er ging zu einem anderen Thema über.

Vierte Behauptung des Nundinio

Da Nundinio nichts mehr zur Sache zu sagen wußte, hat er als geschickter Redner eine beiläufige Bemerkung des Nolaners, es gäbe unzählige der unseren gleiche Erden, aufgegriffen und ist von dem, was wir über Beweglichkeit oder Stillstand der Erde gesagt haben, auf die Frage nach der Beschaffenheit der anderen Körper übergegangen. Er will wissen, aus welchem Stoff diese Körper seien, von denen man annimmt, sie bestehen aus dem 5. Element, einem unveränderlichen und unvergänglichen Stoff, dessen dichteste Teile die Sterne sind.

Frulla Wenn ich auch nichts von Logik verstehe, so scheint mir diese Frage doch etwas abseits zu liegen.

Teofilo Aus Höflichkeit wollte der Nolaner Nundinio das nicht zum Vorwurf machen und bemerkte nur, er sähe es sehr gern, wenn er beim Thema bliebe und dazu seine Fragen stellte. Dann antwortete er, daß sich die anderen Erden von unserer überhaupt nicht in der Art, sondern lediglich in der Größe unterschieden, wie auch bei den anderen Arten der Lebewesen durch die individuellen Unterschiede Ungleichheit entsteht. Jene Feuerbälle hingegen wie die Sonne seien von der Erde, wie er (gegenwärtig) glaube, artverschieden wie warm und kalt, selbstleuchtend und bloß wiederstrahlend.

Smith Warum sagte der Nolaner, er glaube es gegenwärtig, und behauptete es nicht absolut?

Teofilo Weil er befürchtete, Nundinio könne das Thema, welches er gerade erst angeschnitten hatte, erneut wechseln und sich an diesen Punkt klammern. Ich will jetzt nicht darauf eingehen, daß die Erde als Lebewesen und folglich ungleichartiger Körper nicht wegen einiger äußerer, der Luft besonders ausgesetzter Teile für einen kalten Körper gehalten werden darf, sondern gemäß dem überwiegenden Teil ihrer Glieder als warm, ja sogar als heiß betrachtet werden muß. Ich übergehe auch, wie sich von den Prinzipien des Gegners ausgehend, der sich als Peripatetiker gibt und für einen solchen gehalten werden will, unter Hinzunahme eigener Prinzipien, die nicht nur zugestanden, sondern auch bewiesen worden sind, zeigen ließe, daß die Erde in gewisser Hinsicht ebenso heiß ist wie die Sonne.

SMITH Wie kann das sein?

TEOFILO Weil mit zunehmender Entfernung (wie wir gesagt haben) durch das Verschwinden der dunklen und undurchsichtigen Teile der Erdkugel und die Vereinigung der kristallinen und leuchtenden immer stärkeres Licht entsteht. Ist nun das Licht Ursache der Wärme (wie mit Aristoteles viele behaupten, nach denen auch der Mond und andere Sterne je nach ihrem Anteil am Licht mehr oder weniger warm sein sollen, und die es nur relativ verstanden wissen möchten, wenn man sagt, einige Planeten seien kalt), so wird die Erde mit den Strahlen, die sie in die entfernten Teile des Ätherraums sendet, der Kraft ihres Lichtes entsprechend auch Wärme vermitteln. Allerdings sind wir nicht sicher, ob etwas, sofern es leuchtet, auch warm sein muß, sehen wir doch viele Dinge um uns herum, die leuchten, aber nicht warm sind. Nun jedoch zurück zu Nundinio. Seht nur, wie er beginnt, die Zähne zu zeigen, die Kinnladen aufzureißen, die Augen zuzukneifen, die Brauen hochzuziehen, die Nasenlöcher zu öffnen und ein kapaunartiges Krähen auszustoßen, um mit diesem Lachen die Anwesenden glauben zu machen, er verstehe viel von der Sache, er habe recht und der Nolaner sage dummes Zeug.

FRULLA Seht Ihr, wie Nundinio sich über die Wahrheit lustig macht?

TEOFILO So geht es dem, der Perlen vor die Säue wirft. Als der Nolaner ihn fragte, warum er lache, antwortete er, die Meinung und Vorstellung, es gebe noch andere Erden, die ebenso beschaffen seien wie die unsere, stamme wohl aus den *Wahren Erzählungen* Lukians. Dem entgegnete der Nolaner, wenn Lukian sage, der Mond sei eine andere Erde, ebenso bewohnt und bebaut wie die unsere, um sich damit über die Philosophen lustig zu machen, die die Existenz vieler Erden behaupten (besonders vom Mond, dessen Ähnlichkeit mit unserer Erde so greifbar ist, weil er uns am nächsten steht), dann habe er unrecht und beweise damit lediglich, daß er in der allgemeinen Unwissenheit und Blindheit befangen sei. Denn genau betrachtet, wird man erkennen, daß die Erde und all die anderen Körper, die wir Gestirne nennen, als hauptsächliche Glieder des Weltalls nicht nur Leben und Nahrung den Dingen rpenden, die aus ihnen ihren Stoff nehmen und ihn wieder zurückgeben, sondern selbst ebenso oder gar in höherem Maße Leben in sich haben, durch das sie mit festem und natürlichem Willen aus einem inneren Prinzip sich auf angemessenen Bahnen zu den Dingen bewegen. Es gibt keine anderen äußeren Beweger, die die erdichteten Sphären, an denen die Körper gleichsam festgenagelt sind, antreiben[29]. Wenn es sich so verhielte, wäre die Bewegung gewaltsam und gegen die Natur des Bewegten, der Beweger unvollkommen und die Bewegung mit Anstrengung und Mühe verbunden. Von anderen zahlreichen Unzuträglichkeiten ganz zu schweigen. Man beachte nur, wie sich das Männchen zum Weibchen und das Weibchen zum Männchen begibt. So wendet sich jede Pflanze und jedes Tier mehr oder weniger deutlich zu seinem Lebensprinzip, sei es zur Sonne oder zu anderen Gestirnen. Der Magnet bewegt sich zum Eisen, der Strohhalm zum Bernstein, und schließlich sucht jedes Ding sein Gleiches und flieht das Gegenteil. All das geschieht aus dem hinreichenden inneren Prinzip, das die Dinge auf natürliche Weise in Bewegung bringt, und nicht aus einem äußeren Prinzip, das immer dann wirksam ist, wenn die Dinge gegen ihre eigene Natur oder unabhängig von ihr bewegt werden. So bewegen sich auch die Erde und die anderen Gestirne ihrer verschiedenen Lage entsprechend aus dem inneren Prinzip, welches ihre eigene Seele ist. Glaubt Ihr (sagte Nundinio), daß diese Seele empfindend sei? Nicht nur empfindend, antwortete der Nolaner, sondern auch denkend, und nicht nur denkend wie die unsere, sondern vielleicht in noch höherem Grade als diese. Da schwieg Nundinio und hörte auf zu lachen.

PRUDENZIO Mir scheint, wenn die Erde beseelt ist, dann dürften ihr die Grotten und Löcher, die man in ihren Rücken gräbt, sehr unangenehm sein. Wir empfinden ja auch Schmerz und Unbehagen, wenn wir gebissen werden oder man uns das Fleisch durchbohrt.

TEOFILO Nundinio war nicht so einfältig wie Prudenzio, um dieses Argument, selbst wenn es ihm eingefallen sein sollte, für wert zu halten, vorgebracht zu werden. Denn er ist kein so törichter Philosoph, um nicht zu wissen, daß, wenn die Erde Empfindungen besitzt, so nicht dieselben wie wir, wenn sie Glieder hat, sie nicht wie die unseren sind, wenn sie Fleisch, Blut, Nerven, Knochen und Adern hat, diese nicht den unseren gleichen, und wenn sie ein Herz hat, dann nicht so eines wie wir. So entsprechen auch alle übrigen Teile den Gliedern vieler anderer Wesen, die wir lebendig nennen und die gemeinhin als Lebewesen angesehen werden. Nundinio ist kein so guter Prudenzio und kein so schlechter Arzt, daß er nicht wüßte, daß der gewaltige Erdkörper diese Dinge überhaupt nicht spürt, die wir in unserer Einfalt so deutlich wahrnehmen. Ich glaube, er begreift auch, daß nicht nur bei den Lebewesen, die wir als solche erkennen, die Teile in ständiger Wandlung und Bewegung begriffen sind und einen gewissen Fluß und Rückfluß besitzen, immer etwas von außen aufnehmend und umgekehrt etwas von innen ausscheidend, so daß die Nägel wachsen, Haare und Wolle Nahrung erhalten, und Haut und Leder sich kräftigen, sondern auch die Erde dem Ein- und Ausfluß der Stoffe unterliegt, worin sich bei vielen Lebewesen (für uns als solche erkennbar) ausdrücklich das Leben bekundet. So ist es mehr als wahrscheinlich (da jedes Ding am Leben teilhat), daß viele, ja unzählige Einzelwesen nicht nur in uns leben, sondern in allem, was aus einzelnen Teilen zusammengesetzt ist. Und wenn wir sagen, etwas sterbe, so dürfen wir nicht so sehr glauben, daß es vergehe, sondern vielmehr, daß es sich lediglich verwandele, und jene zufällige Zusammensetzung und Einheit aufhöre, deren Bestandteile immer unsterblich bleiben, und zwar mehr noch die geistigen als die körperlichen und materiellen, wie wir ein anderes Mal zeigen wollen. Doch nun zurück zum Nolaner. Als dieser sah, daß Nundinio schwieg, wurde er etwas zornig, um sich rechtzeitig für den Spott des Nundinio zu rächen, der die Behauptungen des Nolaners mit den *Wahren Erzählungen* des Lukian verglichen hatte. Er wies Nundinio darauf hin, daß er in einem aufrichtigen Disput sich nicht über das lustig machen dürfe, wovon er nichts verstehe. Ebensowenig wie ich (sagte der Nolaner) über Eure Erdichtungen lache, dürft Ihr über meine Lehren lachen, und wenn ich mit Euch freundlich und respektvoll disputiere, so müßt Ihr Euch wenigstens mir gegenüber ebenso verhalten.

Denn wenn ich die besagten Erzählungen des Lukian als wahr verteidigen wollte, so wärt Ihr bei all Eurer Gescheitheit nicht in der Lage, mich zu widerlegen. So antwortete der Nolaner mit ein wenig Groll auf das Lachen, nachdem er zuvor mit Gründen genug auf die Frage geantwortet hatte.

Fünfte Behauptung des Nundinio

Vom Nolaner und den anderen bedrängt, die Fragen nach dem Warum, Wie und Woher beiseite zu lassen und Beweise anzuführen –

PRUDENZIO *Per quomodo, et quare; quilibet asinus novit disputare.*

TEOFILO – kam Nundinio schließlich damit heraus, was in allen Schmökern geschrieben steht, daß nämlich, sollte sich die Erde tatsächlich in die Richtung, die wir Osten nennen, drehen, alle Wolken in der Luft stets scheinbar nach Westen treiben müßten, der ungeheuer schnellen Bewegung des Erdballs wegen, der im Zeitraum von 24 Stunden eine so gewaltige Umdrehung vollendet haben muß. Darauf erwiderte der Nolaner, daß die Luft, in der sich die Wolken und Winde bewegen, ein Teil der Erde sei; denn unter »Erde« möchte er (wie es der Gegenstand erfordert) das ganze Gebilde und den vollständigen, aus ungleichartigen Teilen bestehenden Organismus verstanden wissen. Auf diese Weise gehören auch die Flüsse, Steine, Meere, die gesamte dunstige und bewegte Luft, die zwischen den höchsten Bergen eingeschlossen ist, wie Glieder zur Erde oder wenigstens wie die sich in der Lunge und in anderen Hohlräumen der Tiere befindliche Atemluft, durch die sich ihre Arterien erweitern und andere lebensnotwendige Vorgänge sich vollziehen. Die Wolken also werden von Ursachen, die im Körper der Erde selbst liegen, bewegt, und sie befinden sich wie das Wasser gleichsam in den Eingeweiden der Erde. So habe es schon Aristoteles aufgefaßt, der im ersten Buch der *Meteorologie* sagt, daß die Luft, die die Erde umgibt, durch deren Ausdünstungen feucht und warm, eine warme und trockene Luftschicht über sich hat, in der es keine Wolken gibt. Letztere befindet sich außerhalb des Umkreises der Erde und derjenigen Oberfläche, die sie begrenzt und zur vollkommenen Kugel macht. Die Winde dagegen entstehen lediglich im Inneren der Erde. Daher gibt es auf den hohen Bergen weder Wolken noch Winde, und die Luft bewegt sich dort gleichmäßig im Kreise wie das gesamte Weltall. So hat es vielleicht auch Plato gemeint, wenn er sagt, daß wir in den Höhlungen und dunklen Tiefen der Erde wohnen, und daß wir im Vergleich zu den Lebewesen über der Erde so leben wie die Fische im Wasser im Vergleich zu uns. Er will damit zum Ausdruck bringen, daß unsere dunstige Luft, verglichen mit der reinen Luft über der Erde, die glücklichere Lebewesen beherbergt, sich wie Wasser ausnimmt. Somit kann man auf den Einwand des Nundinio antworten: Das Meer befindet sich nicht auf der Oberfläche, sondern im Inneren der Erde, so wie die Leber, der Quell der Säfte, in uns liegt. Ebensowenig ist die bewegte Luft außerhalb der Erde, sondern in ihr, wie in der Lunge der Lebewesen.

SMITH Wie kommt es aber, daß wir das gesamte Himmelsgewölbe sehen, da wir doch im Inneren der Erde wohnen?

TEOFILO Die Krümmung der Erde bewirkt, daß nicht nur auf der äußersten Oberfläche, sondern auch im Inneren die Sicht des Horizontes immer freigegeben wird, so daß der Blick nicht behindert werden kann, wie es der Fall ist, wenn zwischen unserem Auge und einem Teil des Himmels ein Berg liegt, der uns durch seine Nähe die vollständige Sicht des Horizontkreises versperrt. Die große Entfernung der Berge, die durch die Außenwölbung der Erdkugel auseinander treten, läßt es uns nicht merken, daß wir im Inneren der Erde leben. Das zeigt in etwa vorliegende Figur, in der die wahre Oberfläche der Erde A B C ist, innerhalb derer sich viele vom Meer und Land gebildete Teiloberflächen befinden, wie zum Beispiel M. Von M aus sehen wir die gesamte Himmelswölbung nicht weniger als von A und anderen Punkten der äußersten Oberfläche. Hierfür gibt es zweierlei Gründe: einmal die Größe der Erde, zum anderen ihre nach außen gewölbte Oberfläche. Dadurch ist Punkt M nicht so sehr eingeschlossen, daß man von ihm aus die Himmelswölbung nicht sehen könnte. Deshalb versperren die höchsten Berge am Punkt M die Sicht nicht gemäß der Linie MB (was wahrscheinlich eintreten würde, wenn die Erdoberfläche eben wäre), sondern gemäß der Linie MC, MD, die kein so großes Hindernis bildet, wie man am Bogen der äußersten Wölbung sehen kann. Ferner ist zu beachten, daß sich M zu C und M zu D ebenso verhält wie K zu M. Daher darf man es nicht für Erfindung halten, wenn Plato von gewaltigen Höhlungen und Tiefen der Erde spricht.

Smith Ich wüßte gern, ob diejenigen, die nahe den höchsten Bergen wohnen, durch dieses Hindernis betroffen werden.

Teofilo Nein, aber diejenigen, die an kleineren Bergen wohnen. Denn die höchsten Berge sind immer auch so gewaltig, daß wir ihre Größe mit dem Auge nicht wahrnehmen, so daß die zahlreichen künstlichen Horizonte sich gegenseitig durch ihre Beschaffenheit nicht beeinträchtigen können. Allerdings verstehen wir unter höchsten Bergen nicht etwa die Alpen, Pyrenäen oder ähnliche, sondern z. B. ganz Frankreich, das zwischen zwei Meeren liegt, dem Atlantik im Norden und dem Mittelmeer im Süden. Von beiden Meeren steigt das Land bis zur Auvergne stetig an und ebenso von den Alpen und Pyrenäen, die einst der Gipfel eines gewaltigen Berges waren, der im Laufe der Zeit jedoch zerstört wurde (während anderswo auf der Erde durch den Wandel und die Erneuerung ihrer Teile neue Berge entstanden sind) und eine Reihe einzelner Gebirge gebildet hat, die wir Berge nennen. Auch das Beispiel der Berge Schottlands, das Nundinio vorgebracht hat (er ist dort vielleicht einmal gewesen), zeigt nur, daß er nicht imstande ist, zu begreifen, was man unter den höchsten Bergen versteht. Denn in Wahrheit ist die ganze britannische Insel ein einziger Berg, der sich über die Wellen des Atlantischen Ozeans erhebt und dessen Gipfel im höchsten Punkt der Insel gesehen werden muß. Wenn dieser Gipfel bis zur Schicht der unbewegten Luft hinaufreicht, so beweist das, daß es sich um einen jener höchsten Berge handelt, auf denen vielleicht glücklichere Lebewesen wohnen. Alexander von Aphrodisias zeigt an der Erfahrung mit der Asche der Opferbrände auf dem Olymp die Beschaffenheit des höchsten Berges und der Luft über den Grenzen und Gliedern der Erde.

SMITH Ihr habt mich im höchsten Maße zufrieden gestellt und mir Zugang zu vielen Geheimnissen der Natur verschafft, die unter diesem Schlüssel verborgen liegen. Aus der Antwort auf den Einwand mit den Winden und Wolken ergibt sich auch die Antwort auf das andere Argument, welches Aristoteles im zweiten Buch der Schrift *Über den Himmel und die Welt* anführt, wo er sagt, es sei unmöglich, daß ein in die Höhe geworfener Stein auf derselben Linie senkrecht wieder nach unten fallen könne. Vielmehr müßte durch ihre äußerst schnelle Bewegung die Erde den Stein weit im Westen hinter sich zurücklassen[30]. Da der Wurf aber innerhalb der Erde geschieht, müssen sich mit ihrer Bewegung notwendig alle Verhältnisse der Gradlinigkeit und Schiefe ändern; denn es besteht ein Unterschied zwischen der Bewegung des Schiffes und der Bewegung der

Dinge auf dem Schiff. Wäre das nicht wahr, so würde folgen, daß auf einem fahrenden Schiff niemals jemand etwas von einer Seite geradlinig auf die andere werfen könnte, und es wäre unmöglich, daß einer einen Sprung machen und mit den Füßen dort wieder aufkommen könnte, wo er abgesprungen ist.

TEOFILO Mit der Erde also bewegen sich alle Dinge auf ihr. Ein von außen auf die Erde geworfener Gegenstand würde wegen der Bewegung der Erde die Gradlinigkeit verlieren, wie an dem Schiff AB deutlich wird, das auf dem Fluß vorbeifährt. Wenn jemand vom Punkt C am Ufer des Flusses einen Stein gerade wirft, wird er das Ziel um soviel verfehlen, wie das Schiff sich während des Wurfes weiterbewegt hat. Sitzt aber jemand auf dem Mast des besagten Schiffes, so wird sein Wurf nicht fehlgehen, wie schnell das Schiff sich auch immer bewegen mag, so daß von Punkt E auf der Spitze des Mastes oder im Mastkorb zu Punkt D am Fuß des Mastes oder an einer anderen Stelle des Schiffskörpers der Stein oder ein anderer schwerer Gegenstand (nicht) gradlinig geworfen wird. Wenn von Punkt D zu Punkt E jemand auf dem Schiff einen Stein gradlinig hochwirft, so kehrt er auf derselben Linie nach unten zurück, wie sehr das Schiff sich auch bewegen möge, vorausgesetzt, daß es sich nicht hin- und herneigt.

SMITH Durch die Betrachtung dieses Unterschiedes öffnet sich das Tor zu vielen höchst bedeutenden Geheimnissen der Natur und tiefer Philosophie; denn es macht einen großen, aber wenig beachteten Unterschied, ob jemand sich selbst heilt oder ob er von einem anderen geheilt wird. So stellen wir oft fest, daß es uns größeres Vergnügen und mehr Befriedigung bereitet, wenn wir in der Lage sind, uns durch eigener Hände Arbeit zu ernähren, als durch die Arme eines anderen. Ebenso wollen die Kinder, sobald sie ihre eigenen Werkzeuge gebrauchen können, um die Nahrung einzunehmen, sich nicht mehr gern von anderen füttern lassen, so als lehrte sie die Natur in gewisser Weise, daß etwas, was wenig Vergnügen bereitet, auch wenig Nutzen bringt. Seht Ihr, wie sich die Kinder, wenn sie säugen, mit den Händen an der Brust festhalten? Und nie hat mich ein Diebstahl so sehr betroffen, wie wenn er von einem vertrauten Diener verübt wurde. Denn bei einem Hausgenossen wirkt so eine Tat irgendwie bedrohlicher und unheilvoller als bei einem Fremden und löst wie als ein böses Vorzeichen eine schreckliche Ahnung aus.

TEOFILO Nun zurück zur Sache. Wenn sich also jemand auf dem fahrenden Schiff befindet und ein anderer außerhalb und wenn beide die Hand ungefähr am selben

Punkt in der Luft halten und jeder von diesem Punkt gleichzeitig einen Stein fallen läßt, ohne irgendeinen Stoß zu geben, so wird der Stein des ersten sein Ziel nicht verfehlen noch von der Bahn abweichen und auf den vorbestimmten Punkt treffen, der Stein des zweiten hingegen wird vom Schiff hinter sich gelassen werden. Das hat seinen Grund in nichts anderem, als darin, daß dem Stein aus der Hand dessen, der sich auf dem Schiff befindet und sich folglich mit ihm bewegt, eine Kraft eingeprägt wird, die der andere Stein aus der Hand dessen, der draußen ist, nicht besitzt, obwohl beide Steine dieselbe Schwere haben, die gleiche Luft durchfallen, so weit möglich von demselben Punkt ausgehen und denselben Stoß erhalten[31]. Für diese Verschiedenheit können wir nur den Grund anführen, daß die Dinge, die mit dem Schiff verbunden sind oder irgendwie dazu gehören, sich mit ihm bewegen. Der eine Stein trägt die Kraft des Bewegers in sich, der sich mit dem Schiff bewegt, der andere die Kraft dessen, der nicht an der besagten Bewegung des Schiffes teilnimmt. Daraus ergibt sich deutlich, daß der Stein die Kraft, sich gradlinig zu bewegen, weder vom Ausgangspunkt noch vom Ziel der Bewegung hernimmt und auch nicht vom Medium, in dem er sich bewegt, sondern von der Stärke der zuerst eingeprägten Kraft, von der der ganze Unterschied abhängt. Damit sind wir, wie mir scheint, genügend auf die Behauptungen des Nundinio eingegangen.

SMITH Morgen sehen wir uns wieder, um zu hören, was Torquato hinzuzufügen hatte.

PRUDENZIO *Fiat.*

Ende des dritten Dialogs

VIERTER DIALOG

SMITH Soll ich Euch den Grund sagen?

TEOFILO Sagt ihn nur.

SMITH Weil die Heilige Schrift (an deren Sinn wir uns genau halten müssen, da sie eine Offenbarung höherer, unfehlbarer Geister ist) an vielen Stellen das Gegenteil andeutet und voraussetzt.

TEOFILO Glaubt mir, wenn die Götter sich herabgelassen hätten, uns in den Naturwissenschaften zu unterweisen, so wie sie uns in ihrer Güte die Vorschriften des guten Handelns gegeben haben, dann würde ich eher ihren Offenbarungen Glauben schenken, als mich auf meine eigenen Gründe und Überlegungen zu verlassen. Doch die heiligen Bücher wollen (wie jeder deutlich sehen kann) nicht unserem Verstand mit Beweisen und Spekulationen über die natürlichen Dinge dienen, als gehe es um Philosophie, sondern durch sittliche Gebote für das Heil unserer Seele und unseres Herzens sorgen. Da der göttliche Gesetzgeber dieses Ziel vor Augen hat, ist er nicht weiter darauf bedacht, jener Wahrheit gemäß zu sprechen, die der Menge nicht dabei helfen würde, das Böse zu meiden und das Gute zu tun. Er überläßt es den philosophischen Geistern, sich darüber Gedanken zu machen, und spricht zum Volke in seiner Sprache, damit es das versteht, worauf es ankommt.

SMITH Wer Geschichte schreiben und Gesetze geben will, muß sich sicherlich allgemeinverständlich ausdrücken und darf sich nicht bei nebensächlichen Dingen aufhalten. Töricht wäre der Geschichtsschreiber, der in seiner Darstellung geläufige Wörter durch neue ersetzen wollte, so daß der Leser ihn mehr als Grammatiker studieren und auslegen müßte, als ihn als Historiker zu verstehen.

Um so törichter wäre es, wenn einer, der den Völkern in aller Welt Gesetze und Lebensregeln geben will, Ausdrücke gebraucht, die nur er selbst und wenige andere verständen, und sich bei Dingen aufhielte, die mit dem Zweck, dem die Gesetze dienen, nichts zu tun haben. Es würde dann so scheinen, als hätte er seine Lehre nicht der Allgemeinheit und der Menge zugedacht, für die die Gesetze bestimmt sind, sondern den weisen und großen Geistern und wahrhaften Menschen, die auch ohne Gesetz recht handeln. Deshalb sagt der Philosoph Algazel, höchster Priester und mohammedanischer Theologe, der Zweck der Gesetze bestehe nicht so sehr darin, die Wahrheit der Dinge darzulegen, als vielmehr für gute Sitten zu sorgen, die Kultur und das Zusammenleben der Völker zu fördern, den menschlichen Umgang zu erleichtern, den Frieden zu erhalten und die Staaten zu unterstützen. Oft ist es also töricht und dumm, die Dinge gemäß der Wahrheit darzustellen und nicht eher so, wie es für den Zweck, den man verfolgt, am günstigsten ist. Hätte der Weise statt: »Die Sonne geht auf und geht unter, durchläuft den Mittag und wendet sich im Norden« gesagt: Die Erde dreht sich gen Osten, läßt die untergehende Sonne hinter sich und neigt sich an beiden Wendekreisen, dem des Krebses gen Süden, des Steinbocks gen Norden – dann hätten seine Zuhörer aufgemerkt und gefragt: Wie, der behauptet, die Erde bewege sich? Was sind denn das für Neuigkeiten? Sie hätten ihn schließlich für einen Narren gehalten, und er wäre wirklich auch einer gewesen. Um aber auch vor einem ungeduldigen und strengen Schriftgelehrten bestehen zu können, möchte ich gern wissen, ob sich unsere Behauptung nicht leicht durch die Heilige Schrift bestätigen läßt.

TEOFILO Wollen jene Schriftgelehrten etwa behaupten, es sei absolut zu nehmen und nicht vielmehr der gewöhnlichen Redeweise angepaßt, wenn Moses sagt, Gott habe unter den leuchtenden Himmelskörpern zwei große geschaffen, die Sonne und den Mond? Soll damit etwa gesagt sein, alle anderen Gestirne seien wirklich kleiner als der Mond? Gibt es nicht so viele Gestirne, die größer sind als er? Kann es nicht auch größere geben als die Sonne? Warum sollte die Erde nicht ein schönerer und größerer Leuchtkörper sein als der Mond? Da sie wie dieser den herrlichen Glanz der Sonne auf dem Ozean und den südlichen Meeren empfängt, kann sie den anderen Welten, Gestirne genannt, als strahlender Körper erscheinen, so wie wir jene als leuchtende Fackeln am Himmel sehen. Daß Moses nicht die Erde, sondern nur die Sonne und den Mond einen großen bzw. kleinen Leuchtkörper nennt, ist gut und in gewissem Sinne auch richtig gesagt; denn er mußte sich der Redeweise und den Vorstellungen der Menge anpassen und durfte hier weder Wissen noch Weisheit an den Tag legen, wie ein törichter Dummkopf es vielleicht getan hätte. Die Wahrheit zu sagen, wo es nicht nötig ist, und vom Volk und der törichten Menge, bei der es allein um das Handeln geht, besondere Einsicht zu verlangen, wäre dasselbe, als wollte man statt mit dem Auge mit der Hand sehen, die von der Natur nicht zum Sehen geschaffen ist, sondern dazu, tätig zu sein und dem Auge zu dienen.

Wenn Moses auch die Natur der geistigen Substanzen kannte, hätte er etwa davon sprechen sollen, nur weil einige von ihnen als Himmelsboten mit den Menschen Umgang haben und ihnen zu Diensten sind? Selbst wenn er gewußt hätte, daß der Mond und die anderen sichtbaren und unsichtbaren Weltkörper dieselben oder zumindest ähnliche Eigenschaften besitzen wie unsere Welt, wäre es Eurer Meinung nach etwa die Aufgabe eines Gesetzgebers gewesen, sich mit solchen Dingen abzugeben und die Völker damit zu verwirren? Was hat die Befolgung unserer Gesetze und die Ausübung unserer Tugenden mit diesen Dingen zu tun? Wo also die Propheten über die Natur sprechen und die geläufigen Vorstellungen voraussetzen, da dürfen sie nicht als Autoritäten gelten. An den Stellen hingegen, wo sie von der Natur nur ganz beiläufig reden und daher auf die Meinung der Menge keine Rücksicht zu nehmen brauchen, da muß man auf ihre Worte achten, ebenso wie auf die der begeisterten Dichter, wenn sie im Zustande der Erleuchtung sprechen. Und man darf nicht bildlich nehmen, was nicht im übertragenen Sinne gemeint ist, und auf der anderen Seite nicht das für wahr halten, was nur als Gleichnis gesagt wird. Aber diese Unterscheidung von bildlicher und wahrer Redeweise will und kann nicht jeder verstehen.

Wenn wir nun unser Augenmerk auf ein kontemplatives, naturphilosophisches, moralisches und göttliches Buch richten, so steht darin vieles, was unsere Philosophie sehr begünstigt und unterstützt. Ich meine das Buch Hiob, eines der vortrefflichsten, die es gibt. In ihm findet sich viel Gutes an Theologie, Naturphilosophie und Morallehre, und es ist reich an sehr weisen Aussprüchen.

Moses hat es seinen Gesetzesbüchern wie ein Heiligtum beigefügt. Es heißt darin, um die fürsorgende Macht Gottes zu beschreiben, er habe Frieden gemacht unter seinen Höchsten, seinen erhabenen Söhnen, nämlich den Gestirnen und Göttern, Feuer die einen, die anderen Wasser (oder wie wir sagen würden, die einen Sonnen, die anderen Erden). Sie sind beieinander in Eintracht, und so entgegengesetzt sie auch sein mögen, es lebt, ernährt sich und gedeiht doch eines durch das andere. Sie bewegen sich in bestimmten Abständen umeinander, ohne sich dabei zu vermengen. So ist das Weltall geschieden in Feuer und Wasser, die Träger der beiden ersten aktiven Wesensprinzipien, kalt und warm. Die Körper, die Wärme spenden, sind Sonnen, von selbst leuchtend und warm. Diejenigen, die Kälte ausstrahlen, Erden, welche als ebenfalls ungleichartige Körper besser Wasser genannt werden, da wir sie durch die Wasser wahrnehmen. Zu Recht haben sie ihren Namen von dem Element, durch das sie uns sichtbar sind, nicht, weil sie selbst leuchten, sondern weil sich das Licht der Sonnen auf ihrer Oberfläche widerspiegelt. Hiermit stimmt Moses überein, wenn er die Luft Firmament nennt, in der alle diese Körper ihren festen Platz haben und durch die die unteren Wasser, nämlich die unserer Erdkugel, von den oberen Wassern, d. h. denen der anderen Körper, getrennt und unterschieden sind. An derselben Stelle heißt es auch, die Wasser wurden von den Wassern getrennt. An vielen Stellen der Heiligen Schrift werdet Ihr finden, daß die Götter und Diener des Allerhöchsten Wasser, Abgründe, Erden und brennende Flammen genannt werden. Wer hätte ihn daran hindern sollen, sie unwandelbare, unveränderliche Körper zu nennen, fünfte Essenzen, dichteste Teile der Sphären, Berylle, Karfunkeln und andere Hirngespinste? Das hätte an diesen Stellen keinen Unterschied gemacht, und die Menge wäre damit nicht weniger zufrieden gewesen.

SMITH Ich habe große Achtung vor der Autorität der Bücher Hiob und Mose und kann mich leichter in ihre konkrete Ausdrucksweise finden als in eine übertragene und abstrakte, wenn auch einige Nachäffer des Aristoteles, Plato und Averroes, die sich zu Verkündern ihrer Philosophie aufgeschwungen haben, behaupten, es handle sich dabei nur um Metaphern, und die folglich im Eifer für ihre Philosophie alles aus dem Text herauslesen, was ihnen gefällt.

TEOFILO Wie es um die Eindeutigkeit dieser Metaphern steht, könnt Ihr daran ermessen, daß derselbe Text von Juden, Christen und Mohammedanern benutzt wird, drei so verschiedenen und gegensätzlichen Sekten, die sich ihrerseits wieder in zahllose, noch verschiedenere und gegensätzlichere gespalten haben. All diese finden in der Heiligen Schrift das, was ihnen gerade am besten paßt, und sie legen dieselbe Stelle nicht nur verschieden, sondern genau widersprechend aus, indem sie aus einem Ja ein Nein und aus einem Nein ein Ja machen. Wie, *verbi gratia*, an gewissen Stellen, wo Gott ironisch sprechen soll.

SMITH Wir wollen nicht weiter über sie urteilen. Ich bin sicher, daß es ihnen im Grunde ganz gleich ist, ob es sich um Metaphern handelt oder nicht. Daher können sie uns unsere Philosophie ruhig lassen.

TEOFILO Das Urteil geachteter Geister, wahrhaft gläubiger Gemüter und rechtschaffener Männer sowie das von Freunden gesellschaftlicher Ordnung und guter

Lehren brauchen wir nicht zu fürchten. Denn wenn sie es wohl bedenken, werden sie feststellen, daß unsere Philosophie nicht allein die Wahrheit enthält, sondern auch die Religion fördert, und zwar mehr als alle anderen Philosophien, wie z. B. diejenigen, welche behaupten, die Welt sei begrenzt, die Wirkung und Kraft der göttlichen Macht endlich, es gebe nur acht oder zehn Intelligenzen und rein geistige Wesen, die Substanz der Dinge sei vergänglich, die Seele sterblich, sie bestehe lediglich in einer zufälligen Anordnung und sei nichts anderes als das Produkt einer bestimmten Körperbeschaffenheit, einer auflösbaren Übereinstimmung und Harmonie, die göttliche Gerechtigkeit über die Menschen sei folglich wirkungslos und unsere Erkenntnis von den Einzeldingen bringe uns in keiner Weise bis zu den ersten und universalen Ursachen. Und noch viele andere Ungereimtheiten mehr, die, da sie falsch sind, nicht allein das Licht des Geistes trüben, sondern, da sie gottlos sind und den Menschen träge machen, auch das Bemühen, gute Taten zu tun, auslöschen.

SMITH Ich bin sehr zufrieden, diese Auskunft über die Philosophie des Nolaners zu hören. Kommen wir nun noch ein wenig zur Unterredung mit Dr. Torquato, der sicherlich nicht um so viel unwissender sein kann, als er prahlerischer, kühner und frecher auftritt als Nundinio.

FRULLA Dummheit und Stolz wachsen auf einem Holz.

TEOFILO Dann nahm Torquato eine so gewichtige Haltung ein wie der *divum Pater* nach der Beschreibung in den *Metamorphosen*, als er mitten im Götterrat thronte und jenes unerbittliche Urteil gegen den Frevler Lykaon schleuderte. Nachdem er sein goldenes Halsband betrachtet –

PRUDENZIO *Torquem auream, aureum monile.*

TEOFILO – und dann seinen Blick auf die Brust des Nolaners geheftet hatte, wo eher ein Knopf hätte fehlen können, nachdem er sich aufgerichtet, die Arme vom Tisch zurückgezogen, ein wenig den Rücken gestreckt, sich etwas geräuspert, den samtenen Doktorhut gerade gesetzt, sich den Schnurrbart gedreht, sein parfümiertes Gesicht zurecht gerückt, die Augenbrauen hochgezogen, die Nasenlöcher aufgebläht, sich mit einem Seitenblick in Positur gesetzt und seine linke Hand auf die linke Hüfte gestützt hatte, legte er drei Finger der rechten Hand zusammen, begann damit wie beim Fechten auf den Nolaner zuzustoßen und sprach auf folgende Weise: *Tune ille philosophorum protoplastes?* Da der Nolaner befürchtete, es würde so nicht zu einer Disputation kommen, unterbrach er seine Rede sogleich und sagte: *Quo vadis domine, quo vadis? quid si ego philosophorum protoplastes? quid si nec Aristoteli nec cuiquam, magis concedam, quam mihi ipsi concesserint? ideo ne terra est centrum mundi inmobile?* Durch solches Zureden und mit der größten Geduld, deren er fähig war, ermahnte der Nolaner Torquato, Gründe anzuführen, mit denen er zugunsten der anderen Urbildner gegen diesen neuen Urbildner beweisende oder wenigstens wahrscheinliche Schlüsse ziehen könne. Und mit verhaltenem Lachen zu den übrigen gewandt, sagte er: »Dieser Herr ist nicht so sehr mit Gründen gewappnet als mit Worten und faulen Witzen.« Von allen bedrängt, endlich mit seinen Argumenten zu kommen, ließ Torquato folgendes vernehmen: *unde igitur stella Martis nunc maior, nunc vero minor apparet: si terra movetur?*

Smith O Arkadien, ist es möglich, daß es *in rerum natura* jemanden gibt, der als Philosoph und Arzt –

Frulla Und dazu noch Doktor und Torquato.

Smith – eine solche Folgerung hat ziehen können? Was erwiderte der Nolaner?

Teofilo Der ließ sich nicht aus der Ruhe bringen und antwortete, eine der Hauptursachen dafür, daß Mars bald größer, bald kleiner erscheine, sei gerade die Bewegung der Erde und die des Mars in den eigenen Kreisen, so daß beide sich einmal näher, ein anderes Mal ferner seien.

Smith Was meinte Torquato dazu?

Teofilo Er erkundigte sich sogleich nach dem Verhältnis der Planetenbewegungen zur Erdbewegung.

Smith Der Nolaner brachte viel Geduld auf, um angesichts eines so eingebildeten Dummkopfes nicht unverzüglich nachhause zu gehen und seinem Gastgeber zu sagen, er könne ihn mal –

Teofilo Im Gegenteil, er erwiderte, er sei nicht gekommen, um eine Vorlesung zu halten und Unterricht zu erteilen, sondern um auf Fragen zu antworten. Was die Symmetrie, Ordnung und das Maß der Himmelsbewegungen angehe, so halte er sich an das, was den Alten und Neuen seit jeher bekannt sei. Darum gehe es ihm nicht, und er sei nicht gekommen, um mit den Mathematikern zu streiten und ihnen ihre Messungen und Theorien in Abrede zu stellen, denen er durchaus beipflichte und Glauben schenke. Ihm gehe es vielmehr um die Natur und die Erkenntnis des Gegenstandes dieser Bewegungen. Und er fügte hinzu: »Wenn ich auf diese Frage einginge, würden wir die ganze Nacht hier sitzen, ohne zu disputieren, und nicht dazu kommen, unsere grundlegenden Einwände gegen die gemeine Philosophie vorzubringen. Sowohl die anderen als auch wir lassen alle Annahmen gelten, wenn man nur auf den wahren Grund der Größe und Art der Bewegungen schließt, über die wir uns einig sind. Was sollen wir uns also unnütz den Kopf zerbrechen? Seht erst einmal zu, ob Ihr aus den vorliegenden Beobachtungen und zugestandenen Daten irgendwelche Schlüsse gegen uns ziehen könnt. Erst dann dürft Ihr uns verurteilen.«

SMITH Der Nolaner hätte ihm nur zu sagen brauchen, er solle zur Sache kommen.

TEOFILO keiner der Anwesenden war so dumm, um nicht durch sein Mienenspiel oder durch Gesten zum Ausdruck zu bringen, daß jener ein großes Schaf *aurati ordinis* sei.

FRULLA *Idest* vom Goldenen Vlies.

TEOFILO Um es aber noch weiter zu treiben, baten die Anwesenden den Nolaner, er möge das, was er verteidigen wolle, noch einmal erklären, damit besagter Dr. Torquato seine Gegengründe vorbringen könne. Der Nolaner entgegnete, er habe sich schon mehr als genug erklärt, und wenn die Argumente seiner Gegner so spärlich seien, so läge das nicht an mangelndem Stoff, wie selbst ein Blinder leicht sehen könne. Trotzdem bekräftigte er noch einmal, das Weltall sei unendlich und bestehe aus einer unermeßlichen ätherischen Region. In Wahrheit gebe es nur einen Himmel, Raum oder Schoß genannt, worin viele Gestirne nicht anders als die Erde ihren festen Halt haben. Ebenso wie die Erde befänden sich der Mond, die Sonne und die unzähligen anderen Körper in dieser ätherischen Region. Man dürfe nicht glauben, es gäbe eine andere Feste, eine andere Grundlage, ein anderes Fundament, auf das sich jene großen Lebewesen stützen, welche zusammen den Bestand der Welt ausmachen, die den wahren Gegenstand und die unendliche Materie der wirkenden unendlichen Macht Gottes bilde. Das haben uns sowohl geregelte Vernunft und Verstand als auch die göttlichen Offenbarungen einsehen lassen, die da sagen, ohne Zahl sind die Diener des Höchsten, die ihm zu Abertausenden beistehen und zu Diensten sind. Das sind die gewaltigen Lebewesen, von denen viele uns durch ihr helles Licht, das sie verbreiten, von allen Seiten sichtbar sind. Die einen strahlen Wärme aus, wie die Sonne und unzählige andere Feuer, die anderen hingegen sind kalt, wie die Erde, der Mond, Venus und unzählige andere Erden. Um im wechselseitigen Austausch am Lebensprinzip des anderen teilzuhaben, kreisen die einen auf festen Bahnen und in bestimmten Abständen um die anderen. Das kann man an den sieben Planeten sehen, die sich um die Sonne bewegen. Unter ihnen befindet sich die Erde, die sich in etwa 24 Stunden von Westen nach Osten dreht und damit den Schein der täglichen Weltbewegung erweckt. Diese Vorstellung ist aber grundfalsch, wider die Natur und unmöglich. Möglich, ja sogar zweckmäßig, richtig und notwendig ist dagegen, daß sich die Erde um ihren eigenen Mittelpunkt dreht, um teilzuhaben an Licht und Finsternis, Tag und Nacht, Wärme und Kälte. Um die Sonne bewegt sie sich wegen des Wechsels von Frühling, Sommer, Herbst und Winter. Gegen die gegenüberliegenden Punkte der Halbkugeln, die Pole, bewegt sie sich wegen der Erneuerung der Zeitalter und der Veränderung ihres Angesichts, damit Land an die Stelle des Meeres trete, damit es dort kalt werde, wo es einmal heiß war, damit der Äquator dort hinkomme, wo einst der Wendekreis lag, und damit schließlich auch in allen übrigen Dingen Wechsel eintrete wie hier auf Erden, so auch auf den übrigen Gestirnen, die nicht ohne Grund von den wahren alten Philosophen Welten genannt wurden[32].

Während nun der Nolaner dies sagte, rief Dr. Torquato: *Ad rem, ad rem, ad rem*. Schließlich mußte der Nolaner lachen und sagte zu ihm, er habe nicht Rede und Antwort zu stehen, sondern stelle Behauptungen auf, und daher *ista sunt res, res, res*. Es sei nun an Torquato, etwas *ad rem* vorzubringen.

SMITH Dieser Esel glaubte, er habe es mit lauter Dummköpfen und Tölpeln zu tun, die sein *ad rem* schon für ein Argument und ein Urteil hielten, und ein einfaches Klappern mit seiner goldenen Kette könne die Menge schon zufrieden stellen.

TEOFILO Hört nur weiter. Als nun alle auf das so lang ersehnte Argument warten, wendet sich Dr. Torquato zu den Tischgenossen und holt aus der Tiefe seiner Selbstgefälligkeit einen Spruch des Erasmus, um ihn dem Nolaner an den Kopf zu werfen: *Anticiram navigat*.

SMITH Nichts Besseres konnte ein Esel sagen, und wer sich mit Eseln abgibt, darf auch nichts anderes erwarten.

TEOFILO Ich glaube, er wollte prophezeien (obwohl er seine Prophezeiung selbst nicht verstand), der Nolaner werde Nieswurz beschaffen, um diesen törichten Barbaren den Verstand zu heilen.

SMITH Wären die Anwesenden noch etwas höflicher gewesen, hätten sie ihm anstelle der Kette einen Strick um den Hals gelegt und ihm zur Erinnerung an den ersten Tag der Fastenzeit vierzig kräftige Stockschläge verabreichen lassen.

TEOFILO Der Nolaner entgegnete, nicht er, sondern Dr. Torquato sei verrückt, da er die Kette trage, ohne die er sicherlich nicht mehr gelte als seine Kleider, die jedoch nicht viel wert seien, wenn man sie ihm nicht gehörig mit Stockschlägen am Leibe ausklopfe. Hiermit erhob sich der Nolaner vom Tische und beklagte sich, daß Herr Fulk nicht für bessere Gesprächspartner gesorgt hatte.

FRULLA Das sind die Früchte Englands. Überall wo Ihr hinschaut, findet Ihr heutzutage nur Doktoren in Grammatik. Dieses glückliche Land steht im Augenblick unter dem Stern des Dünkels und verstocktester pedantischer Unwissenheit, gepaart mit bäurischer Unhöflichkeit, bei der selbst Jupiter die Geduld verlieren würde. Wenn Ihr es nicht glaubt, begebt Euch nach Oxford und laßt Euch erzählen, was dem Nolaner dort widerfahren ist, als er in Anwesenheit des polnischen Fürsten Laski und englischer Adliger mit jenen Doktoren der Theologie öffentlich disputierte[33]. Laßt Euch erzählen, wie man auf seine Argumente zu antworten verstand und wie jener arme Doktor, der als Leuchte der Akademie bei diesem bedeutenden Anlaß dem Nolaner entgegengetreten war, durch 15 Schlußfolgerungen 15 mal in die Enge getrieben wurde und nicht mehr ein noch aus wußte. Laßt Euch berichten, mit welcher Unhöflichkeit und Frechheit dieses Schwein vorging und welche Geduld und Menschlichkeit der Nolaner dagegen aufbrachte, der bei dieser Gelegenheit wirklich bewies, in Neapel geboren und unter einem gütigeren Himmel aufgewachsen zu sein. Laßt Euch sagen, wie man seinen öffentlichen Vorlesungen *de immortalitate animae* sowie *de quintuplici sphera* den Garaus gemacht hat.

SMITH Wer Perlen vor die Säue wirft, darf sich nicht

wundern, wenn sie zertreten werden. Aber nun zurück zu Torquato.

TEOFILO Als sich alle vom Tisch erhoben hatten, begannen einige dem Nolaner in ihrer Sprache Ungeduld vorzuwerfen, wo sie doch besser daran getan hätten, auf die barbarische und rohe Unhöflichkeit, die Torquato und sie selbst an den Tag legten, zu achten. Dennoch nahm der Nolaner, der es sich zum Grundsatz gemacht hat, diejenigen, die ihm in anderen Dingen überlegen sind, wenigstens an Höflichkeit zu übertreffen, wieder Platz, und, als sei nichts gewesen, sagte er freundschaftlich zu Torquato: Ihr dürft, Bruder, nicht glauben, daß Ihr mir Eurer Überzeugung wegen verhaßt seid. Ganz im Gegenteil, ich bin Euch so freundschaftlich gesinnt wie mir selber. Denn wißt, daß die Auffassung, von deren Richtigkeit ich jetzt voll und ganz überzeugt bin, mir vor Jahren, als ich noch jünger und weniger weise war, nur wahrscheinlich vorkam. Und davor, als ich in philosophischen Dingen noch unerfahrener war, hielt ich sie sogar für so falsch, daß ich mich wunderte, wie Aristoteles es nicht nur nicht unter seiner Würde hielt, sie überhaupt in Betracht zu ziehen, sondern sogar mehr als die Hälfte des zweiten Buches seiner Schrift *Über Himmel und Welt* darauf verwandte, zu beweisen, daß die Erde sich nicht bewegt. Als ich noch ein kleiner Junge war und in philosophischen Gedanken völlig ungeübt, glaubte ich, die Erdbewegung anzunehmen, sei eine Torheit, die sich irgend jemand bloß als verfängliches Sophisma ausgedacht habe, für jene müßigen Geister, die nur zum Spaß disputieren wollen und deren ganze Beschäftigung darin besteht, nachzuweisen und zu verteidigen, daß weiß schwarz ist. Ich kann Euch also ebensowenig hassen wie mich selbst, als ich jünger, kindischer, weniger weise und einsichtig war. Anstatt Euch zu zürnen, empfinde ich Mitleid mit Euch, und ich bitte Gott, er möge, so wie er mir diese Erkenntnis gegeben hat, Euch wenigstens (wenn er Euch auch nicht sehend macht) so weit erleuchten, daß Ihr Eure Blindheit für möglich haltet. Das wird Euch zumindest dazu verhelfen, gesitteter, höflicher, weniger töricht und vermessen aufzutreten. Auch Ihr müßt mich lieben, nicht weil ich nun klüger und älter bin, sondern weil ich in meiner Jugendzeit noch unwissender und unerfahrener war, als Ihr es jetzt im Alter seid. Wenn ich auch in meinen Reden niemals so zügellos, unerzogen und unhöflich gewesen bin wie Ihr, so war ich doch einst ebenso unwissend. Blicke ich auf Euren augenblicklichen Zustand, der mit meinem vergangenen übereinstimmt, und blickt Ihr auf meinen vergangenen Zustand, der Eurem gegenwärtigen entspricht, so muß ich Euch lieben, und Ihr habt keinen Grund, mich zu hassen.

SMITH Was sagten jene dazu, da nun ein neues Gespräch angefangen hatte?

TEOFILO Kurz und gut, sie seien Anhänger des Aristoteles, Ptolemäus und vieler anderer hochgelehrter Philosophen. Da bemerkte der Nolaner, es gebe unzählige Toren, Dummköpfe und Unwissende, die darin nicht nur mit Aristoteles und Ptolemäus, sondern auch mit ihnen übereinstimmten und die nicht in der Lage seien, den Nolaner zu verstehen, dessen Meinung nicht viele teilen könnten; denn das sei göttlichen und höchst weisen Männern vorbehalten, wie Pythagoras, Plato und anderen. Was die Menge betrifft, die sich rühmt, Philosophen auf ihrer Seite zu haben, so möchte ich zu bedenken geben, daß jene Philosophen, insofern sie mit dem Volke übereinstimmen, auch eine gemeine Philosophie hervorgebracht haben. Euch aber, die Ihr Euch unter das Banner des Aristoteles schart, gebe ich den Rat, Euch nicht einzubilden, Ihr verständet von der Sache so viel wie Aristoteles und wäret schon so weit vorgedrungen wie er. Nicht zu wissen, was Aristoteles nicht wußte, bedeutet nämlich noch nicht, daß man auch all das weiß, was er wußte. Denn darin, wo Aristoteles unwissend war, hat er nicht nur Euch zur Gefolgschaft, sondern alle Euresgleichen einschließlich der Bootsmänner und Gepäckträger Londons. Wo aber jener ehrenwerte Philosoph gelehrt und verständig war, da bleibt Ihr gewiß allesamt weit hinter ihm zurück. Nur wundere ich mich sehr, wie Ihr zu einer Disputation erscheinen konntet, ohne überhaupt die Fundamente gelegt und die Gründe bereit zu haben, mit denen Ihr gegen mich oder Kopernikus etwas hättet folgern können. Und dabei gibt es doch so viele schwerwiegende Argumente und Gegengründe! Darauf fragte Torquato, als wolle er nun einen besonders großartigen Beweis vorbringen, mit hehrer Würde: *Ubi est aux solis?* Der Nolaner antwortete, das könne er halten, wie er wolle, wenn er nur etwas daraus folgern würde. Der vom Zentrum entfernteste Bahnpunkt der Sonne wandere nämlich und befinde sich nicht immer im selben Zeichen des Tierkreises. Er verstehe daher nicht, weshalb Torquato danach frage. Der aber wiederholte seine Frage, als hätte der Nolaner keine Antwort darauf gewußt. Da entgegnete der Nolaner: *Quot sunt sacramenta ecclesiae? Est circa vigesimum Cancri: et oppositum circa decimum vel centesimum Capricorni,* oder über der Kirchturmspitze von St. Paul's?

PTOLEMAEVS.

COPERNICVS.

SMITH Seht Ihr ein, weshalb er dies fragte?

TEOFILO Um denen, die nichts von der Sache verstanden, Eindruck zu machen und zu zeigen, daß er etwas zu sagen habe. Er wollte es so lange mit *quomodo, quare* und *ubi* versuchen, bis er eine Frage gefunden hätte, auf die der Nolaner keine Antwort wußte. Schließlich wollte er sogar wissen, wie viele Sterne der vierten Größenordnung es gebe. Doch der Nolaner weigerte sich, auf Fragen einzugehen, die nicht zum Thema gehörten. Die Frage nach der *aux* der Sonne bewies nur allzu gut, wie unfähig Torquato im Disputieren war. Jemanden, der behauptet, die Erde bewege sich um die inmitten der wandelnden Lichter feststehende Sonne, nach dem äußersten Bahnpunkt der Sonne zu fragen, hieße dasselbe, als wolle man einen Anhänger der herkömmlichen Lehre danach fragen, wo der äußerste Bahnpunkt der Erde sei. Dabei ist doch die erste Regel jeder Beweisführung, bei seinen Fragen nicht von den eigenen Voraussetzungen auszugehen, sondern von denen des Gegners. Aber für diesen Toren war alles eins, denn er nahm seine Argumente ebensogut aus zur Sache gehörigen Gebieten wie auch aus solchen, die völlig abseits lagen.

Nach dieser Erörterung begannen sie, sich auf englisch miteinander zu unterhalten, und nach einiger Zeit erschien auf dem Tisch Papier und Schreibzeug. Dr. Torquato breitete ein großes Blatt aus, nahm die Feder zur Hand, zieht von einem Ende des Blattes zum anderen eine gerade Linie, zeichnet in der Mitte einen Kreis ein, so daß die gerade Linie durch den Mittelpunkt des Kreises geht und dessen Durchmesser bildet, und schreibt in den einen Halbkreis *Terra*, in den anderen *Sol*. Auf der Seite der Erde zeichnet er dann acht Halbkreise, in die er der Reihe nach die Zeichen der sieben Planeten einträgt, und schreibt an den äußersten Halbkreis *octava sphaera mobilis* und auf den Rand *Ptolemäus*. Währenddessen fragte der Nolaner, was das Ganze solle, denn das wisse doch jedes Kind. Torquato antwortete: *Vide, tace, et disce: ego docebo te Ptolomeum et Copernicum.*

SMITH *Sus quandoque Minervam.*

TEOFILO Der Nolaner antwortete, es sei ein schlechtes Zeichen, wenn einer das Alphabet aufschreibe, um jemandem Grammatik beizubringen, der mehr davon verstehe als er. Torquato aber fährt unbeirrt in seiner Zeichnung fort und zieht um die Sonne in der Mitte sieben Halbkreise, die er mit den entsprechenden Planetenzeichen versieht. An den äußersten Kreis schreibt er *sphaera inmobilis fixarum* und an den Rand *Copernicus*. Dann zeichnet er einen Epizykel mit dem Mittelpunkt auf dem dritten Kreis. Damit auch jeder erkenne, daß dieser Punkt die Erde sei, malt er das Zeichen der Erde daran. Und an den von der Mitte am weitesten entfernten Punkt des Epizykels malt er das Zeichen des Mondes. Als der Nolaner das sah, sagte er: »Sieh an, der will mich etwas von Kopernikus lehren, was dieser selbst gar nicht gemeint hat. Kopernikus hätte sich eher den Kopf abhauen lassen, als so etwas zu sagen oder zu schreiben. Der größte Esel der Welt weiß doch, daß von dem Punkt aus, wo Torquato die Erde hingesetzt hat, der Durchmesser der Sonne immer gleich erscheinen würde, und noch weitere Erscheinungen folgten daraus, die sich in Wirklichkeit nicht bestätigen.« *Tace, tace,* sagte Torquato, *tu vis me docere Copernicum?* »Mir geht es nicht um Kopernikus«, entgegnete der Nolaner, »und es ist mir gleichgültig, ob Ihr und andere ihn richtig versteht. Doch eines laßt Euch gesagt sein: Wollt Ihr mich noch einmal belehren, so müßt Ihr Kopernikus vorher schon besser studieren.« Die anwesenden Edelleute zeigten soviel Interesse an der Sache, daß sie das Buch des Kopernikus kommen ließen. Als sie die Figur betrachteten, sahen sie, daß nur der Mond auf dem Epizykel eingezeichnet war. Deshalb behauptete Torquato, der Mittelpunkt des Epizykels auf dem Umfang des dritten Kreises bedeute die Erde.

SMITH Der Irrtum kam daher, daß Torquato sich nur die Zeichnungen angesehen hatte, ohne den Text zu lesen, und hatte er ihn auch gelesen, so hat er ihn nicht verstanden.

TEOFILO Da mußte der Nolaner lachen und erklärte, der Punkt sei nichts anderes als der Einstich des Zirkels, mit dem der Epizykel der Erde und des Mondes, der ein und derselbe sei, gezeichnet worden ist. Wenn Ihr aber wissen wollt, wo sich nach der Ansicht des Kopernikus die Erde wirklich befindet, so lest nur, was geschrieben steht. Sie lasen nach und fanden, daß Erde und Mond sich gleichsam auf demselben Epizykel befänden usw[34]. Da bissen sie sich auf die Lippen, bis Nundinio und Torquato sich von allen, mit Ausnahme des Nolaners, verabschiedet hatten und das Haus verließen. Der Nolaner aber schickte ihnen jemanden hinterher, um sie grüßen zu lassen. Die Edelleute baten den Nolaner, sich nicht durch die Unhöflichkeit und anmaßende Unwissenheit ihrer Doktoren verdrießen zu lassen, sondern eher mit ihrem armen Vaterland Mitleid zu haben, wo die wahre Gelehrsamkeit ausgestorben sei, jedenfalls was die Philosophie und konkrete Mathematik angehe (und bei der allgemeinen Blindheit kommen diese Esel und geben sich als sehend aus, um uns etwas vorzumachen). Dann verabschiedeten sie sich sehr höflich vom Nolaner und gingen ihres Weges. Der Nolaner und wir schlugen eine andere Straße ein und kehrten spät und unbehelligt nach Hause zurück, da es schon dunkle Nacht war und jenes ausschlagende Hornvieh uns nicht so belästigte wie auf dem Hinweg; denn es hatte sich in seine Ställe zurückgezogen, um sich der Ruhe hinzugeben.

PRUDENZIO
Nox erat et placidum carpebant fessa soporem
Corpora per terras, sylvaeque et saeva quierant
Aequora, cum medio volvuntur sidera lapsu,
Cum tacet omnis ager, pecudes, etc.

SMITH Wohlan, heute haben wir genug geredet. Wenn es Euch beliebt, Teofilo, kommt morgen wieder, da ich noch etwas mehr von der Lehre des Nolaners erfahren möchte. Denn mag die des Kopernikus auch sehr günstig für die Berechnungen sein, so ist sie doch zur Erforschung der natürlichen Gründe, die die Hauptsache sind, weniger sicher und geeignet[35].

TEOFILO Gern komme ich noch einmal wieder.
FRULLA Ich ebenfalls.
PRUDENZIO *Ego quoque. Valete.*

Ende des vierten Dialogs

FÜNFTER DIALOG

TEOFILO Die übrigen Sterne sind nicht besser und nicht anders am Himmel befestigt, als dieser Stern, die Erde, an demselben Firmament, nämlich der Luft, befestigt ist. Mit nicht mehr Recht sprechen wir beim Schwanz des Großen Bären von achter Sphäre, als bei der Erde, auf der wir leben. Denn all diese Körper sind in ein und derselben Ätherregion wie in einem einzigen großen Raum und Feld verstreut und durch gewisse, ihnen angemessene Zwischenräume voneinander getrennt. Bedenkt nur, weshalb man für die Wandelsterne sieben Himmel angenommen hat und nur einen einzigen für alle anderen. Weil man eine unregelmäßige Bewegung an sieben Sternen bemerkte und eine regelmäßige an allen übrigen, die untereinander immer dieselbe Entfernung und Ordnung wahren. Das erweckt den Anschein, als käme letzteren eine einzige Bewegung und eine gemeinsame Sphäre zu, an der sie befestigt sind, und als gäbe es im ganzen nicht mehr als acht Sphären für die leuchtenden Himmelskörper, die an ihnen wie festgenagelt haften.

Sind wir aber erst einmal zu so viel Einsicht und Vernunft gelangt, um zu erkennen, daß die scheinbare Weltbewegung durch die Erddrehung hervorgerufen wird, und beurteilen wir die Festigkeit aller anderen Körper nach der des Erdkörpers inmitten der Luft, dann werden wir zunächst glauben und schließlich schlüssig beweisen können, daß das Gegenteil jener Träumerei und Erdichtung zutrifft, jener ersten abwegigen Annahme, die schon zu so vielen anderen falschen Annahmen geführt hat und noch führen wird. Der Irrtum kommt daher, daß wir, vom Mittelpunkt unseres Horizontes nach allen Seiten blickend, zwar die größere und geringere Entfernung der näherliegenden Dinge zu uns, untereinander und in sich beurteilen können, von einem bestimmten Punkt an jedoch uns alle Dinge gleich weit entfernt erscheinen. Ebenso können wir, zu den Sternen am Firmament blickend, nur die Bewegungs- und Entfernungsunterschiede der näherliegenden Sterne erkennen, die entfernteren und entferntesten hingegen erscheinen uns sämtlich unbeweglich, mit gleichem Abstand und in gleicher Entfernung, was die Länge betrifft. Beispielsweise erscheinen uns manchmal zwei Bäume, wenn sie fast auf demselben Radius liegen, einander sehr nahe oder gar nur wie ein einziger, wenn sie genau auf demselben Radius liegen, während wir zwei andere Bäume, die auf ganz verschiedenen Radien liegen, für weiter entfernt halten, obwohl erstere in Wirklichkeit weiter auseinander stehen als letztere. So kommt es, daß mancher Stern für bedeutend größer gehalten wird, der in Wirklichkeit viel kleiner ist, und mancher Stern, der viel näher steht, für sehr viel weiter gehalten wird. Das läßt sich an folgender Abbildung veranschaulichen, in der dem Auge O die Sterne A und B wie ein einziger oder zumindest sehr nahe beieinander erscheinen, während der Stern C, da er auf einem ganz anderen Sehstrahl liegt, sehr viel weiter von A entfernt erscheinen muß, obgleich er in Wirklichkeit A sehr viel näher steht. Wenn wir also an den Fixsternen nicht viele Bewegungen wahrnehmen und sie sich einander nicht zu nähern

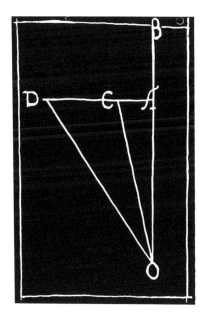

noch voneinander zu entfernen scheinen, so liegt das nicht etwa daran, daß sie nicht wie die Wandelsterne ihre Kreise ziehen; denn es gibt keinen Grund, weshalb jene nicht dieselben Eigenschaften besitzen sollten wie diese, denen zufolge ein jeder Körper sich um denjenigen bewegen muß, dessen Kraft er empfangen möchte. Sie dürfen also nicht Fixsterne genannt werden, weil sie in Wirklichkeit immer die gleiche Entfernung untereinander und zu uns wahren, sondern weil ihre Bewegung für uns unmerklich ist. Das läßt sich am Beispiel eines sehr weit entfernten Schiffes sehen, das für uns nicht weniger festzustehen scheint, wenn es sich 30 oder 40 Schritte weiterbewegt, als wenn es sich überhaupt nicht bewegt. Entsprechend verhält es sich bei den größeren Entfernungen der gewaltigen und leuchtenden Körper, von denen möglicherweise viele, ja unzählige ebenso groß und leuchtend sind wie die Sonne, wenn nicht gar noch größer und leuchtender und deren weit größere Kreise und Bewegungen man nicht sieht. Daher lassen sich eventuelle Unterschiede in der Entfernung einiger dieser Gestirne nur durch langfristige Beobachtungen feststellen. Das aber ist bisher nicht in Angriff genommen und durchgeführt worden, da eine solche Bewegung noch niemand vermutet, gesucht und vorausgesetzt hat. Ist doch der Ausgangspunkt jeder Untersuchung das Wissen und die Erkenntnis, daß es eine Sache gebe, daß sie möglich und annehmbar sei, und daß sich aus ihr Nutzen ziehen lasse.

PRUDENZIO *Rem acu tangis.*

TEOFILO Diese Selbständigkeit der Körper in der ätherischen Region war schon Heraklit, Demokrit, Epikur, Pythagoras, Parmenides und Melissos bekannt, wie aus den uns erhaltenen Bruchstücken hervorgeht. Aus ihnen ist ersichtlich, daß sie einen unendlichen Raum kannten, eine unendliche Region, eine unendliche Materie, eine unendliche Aufnahmefähigkeit für unzählige der unseren gleiche Welten. Diese vollenden ihre Kreise wie die Erde den ihrigen, und daher hießen sie im Altertum *aethera*, d. h. Läufer, Boten, Verkünder der Größe des Einzigen und Höchsten. Durch ihr harmonisches Zusammenspiel bewahren sie die Ordnung im Aufbau der Natur, dem lebendigen Spiegel der unendlichen Gottheit. Erst die blinde Unwissenheit hat ihnen den Namen *aethera* genommen und ihn gewissen fünften Essenzen beigelegt, an denen diese Lichter und Leuchten gleichsam festgenagelt sein sollen.

Diese Läufer haben ein inneres Bewegungsprinzip: Ihre eigene Natur, ihre eigene Seele, ihre eigene Intelligenz. Denn die flüssige und dünne Luft ist nicht in der Lage, solch dichte und große Gebilde zu bewegen. Dazu bedürfte es ziehender, stoßender oder ähnlicher Kräfte, die aber nur bei Berührung wenigstens zweier Körper wirken können, von denen der eine mit seiner Oberfläche stößt, der andere gestoßen wird. Bei allen auf diese Weise bewegten Dingen ist das Prinzip der Bewegung aber entweder wider die eigene Natur oder außerhalb derselben, d. h. entweder gewaltsam oder zumindest nicht natürlich. Es entspricht also mehr dem Wesen der bestehenden Dinge und der Wirkung der vollkommensten Ursache, daß es sich hier um eine natürliche Bewegung handelt, aus innerem Prinzip, eigenem Antrieb und ohne Widerstand. Diese Bewegungsart gebührt allen Körpern, die sich ohne sichtbare Berührung mit einem anderen stoßenden oder anziehenden Körper bewegen. Daher ist die Auffassung aller derjenigen verkehrt, die behaupten, der Magnet ziehe das Eisen an, der Bernstein den Strohhalm, der Mörtel die Feder, die Sonne den Heliotrop. Vielmehr wohnt dem Eisen eine Art Sinn inne (der durch eine geistige Kraft, die vom Magneten ausgeht, geweckt wird), durch den es sich zum Magneten hinbewegt, so wie der Strohhalm sich zum Bernstein und im allgemeinen alles, was Verlangen hat und eines anderen bedarf, sich zum Ersehnten bewegt und soweit wie möglich darin aufgeht, indem es zunächst danach trachtet, am selben Ort zu sein. Wenn man bedenkt, daß durch ein äußeres Prinzip nur dann Ortsbewegung entsteht, wenn der Anstoß den Widerstand des Bewegten übersteigt, so wird deutlich, welch großartige Dummheit und Ungereimtheit es ist, einem vernünftig Denkenden weismachen zu wollen, der Mond bewege die Wasser des Meeres, verursache die Flut, lasse die Säfte steigen, befruchte die Fische, fülle die Austern und bringe ähnliche Wirkungen hervor. In Wahrheit ist der Mond lediglich Zeichen, nicht Ursache all dieser Dinge. Er ist Zeichen und Indiz; denn wenn wir diese Dinge bei gewissen Stellungen des Mondes eintreten sehen und bei anderen, entgegengesetzten Stellungen das Gegenteil, so hat das seinen Grund in der Ordnung und Wechselbeziehung aller Dinge und der Entsprechung und Übereinstimmung der Gesetze ihrer Wandlungen.

SMITH Unkenntnis dieser Unterscheidung hat dazu geführt, daß viele Schmöker von derartigen Irrtümern wimmeln, und daß es viele merkwürdige Philosophien gibt, in denen die Zeichen, Begleitumstände und Eigenschaften der Dinge Ursachen genannt werden. Eine der größten dieser Dummheiten besagt, daß gerade und senkrecht auftreffende Strahlen mehr Wärme erzeugen als schräge und im spitzen Winkel auftreffende. Das ist aber nur ein nebensächlicher Umstand, die wahre Ursache liegt in der mehr oder weniger langen Sonneneinstrahlung auf die Erde. Reflektierter und direkter Strahl, spitzer und stumpfer Winkel, senkrechte, schräge und waagerechte Linie, größerer und kleinerer Bogen, verschiedene Aspekte – all das sind mathematische Gegebenheiten und keine natürlichen Ursachen. Ein anderes ist es, mit der Geometrie zu spielen, ein anderes, mit der Natur die Wahrheit zu erforschen. Nicht die Linien und Winkel sind es, die das Feuer mehr oder weniger Hitze entwickeln lassen, sondern seine größere und geringere

Entfernung und die verschiedene Dauer seiner Einwirkung.

TEOFILO Das habt Ihr sehr richtig gesehen. So erhellt eine Wahrheit die andere. Um das Thema abzuschließen: Würden diese großen Körper von außen bewegt, und nicht vom angestrebten Ziel und Gut, dann wäre ihre Bewegung gewaltsam und zufällig, auch wenn die Körper jenes Vermögen des Nicht-Widerstrebens (wie es genannt wird) besäßen; denn das wahre Nicht-Widerstreben ist das natürliche Streben, und das ist (ob man will oder nicht) ein inneres Prinzip, welches von sich aus das Ding an seinen angemessenen Ort bewegt. Andernfalls würde der äußere Beweger nicht ohne Mühe bewegen, oder er wäre nicht notwendig, sondern überflüssig. Behauptet man aber, er sei notwendig, so bezichtigt man die wirkende Ursache des Mangels in ihrer Wirkung und unterstellt, daß sie die erhabensten Beweger für weit geringere Bewegte gebrauche. Das tun diejenigen, welche behaupten, die Ameisen und Spinnen handelten nicht aus eigener Einsicht und Geschicklichkeit, sondern würden von unfehlbaren göttlichen Intelligenzen gelenkt, die ihnen *(verbi gratia)* Stöße versetzten, welche natürliche Instinkte heißen, und anderes mehr, für das sie leere Worte gebrauchen. Denn fragt man diese Schlaumeier, was denn Instinkt eigentlich sei, so wissen sie nichts Besseres zu sagen, als eben Instinkt oder ein anderes ebenso unbestimmtes und dummes Wort. Bedeutet doch Instinkt nichts anderes als treibendes Prinzip (das ist ein sehr geläufiger Begriff), um nicht zu sagen, sechster Sinn, Vernunft oder gar Intellekt.

PRUDENZIO *Nimis arduae quaestiones.*

SMITH Für diejenigen, die sie nicht verstehen wollen

und sich auf das Falsche versteifen. Aber zurück zu uns. Ich wüßte schon, was ich denjenigen entgegnen sollte, die es für schwierig halten, daß die Erde sich bewegt, da sie ein so großer, dichter und schwerer Körper sei[36]. Doch möchte ich gern hören, wie Ihr darauf antwortet; denn Eure Begründungen erscheinen mir so überzeugend.

PRUDENZIO *Non talis mihi.*

SMITH Ihr seid eben ein Maulwurf.

TEOFILO Darauf läßt sich entgegnen, daß man dasselbe vom Mond, der Sonne und unzähligen anderen gewaltigen Körpern sagen könnte, die nach der gegnerischen Meinung sich sehr schnell auf übermäßig großen Kreisen um die Erde bewegen. Und dann halten sie es noch für etwas Besonderes, daß die Erde sich einmal in 24 Stunden um ihren eigenen Mittelpunkt und in einem Jahr um die Sonne drehen soll! Weder die Erde noch ein anderer Körper ist nämlich an sich schwer oder leicht. An seinem Ort ist kein Körper schwer oder leicht. Das sind Unterschiede und Qualitäten, die nicht den Hauptkörpern und vollkommenen Einzelwesen des Alls zukommen, sondern allein den vom Ganzen getrennten Teilen, die, gleichsam umherwandelnd, sich außerhalb ihres sie umschließenden Ganzen befinden. Sie streben nicht weniger natürlich zu dem Ort ihrer Erhaltung wie das Eisen zum Magneten, das sich zu diesem nicht nur in eine bestimmte Richtung nach unten, oben oder nach rechts bewegt, sondern überall dorthin, wo der Magnet sich gerade befindet. Die Teile der Erde bewegen sich aus der Luft zu uns herab, weil hier ihre Sphäre liegt. Läge sie aber in entgegengesetzter Richtung, würden sie sich von uns aus entfernen und ihren Lauf dorthin nehmen. So verhält es sich mit dem Wasser, so mit dem Feuer. Das Wasser ist an seinem Ort nicht schwer und lastet nicht auf denen, die in der Tiefe des Meeres leben. So haben der Kopf, die Arme und die anderen Glieder am eigenen Körper kein Gewicht, und kein Ding übt in seinem natürlichen Zustand und an seinem natürlichen Ort Gewalt aus. Schwere und Leichtigkeit sind nicht in den Dingen anzutreffen, die ihren natürlichen Ort innehaben und in ihrer natürlichen Verfassung sind, sondern nur in denjenigen, die einen gewissen Drang besitzen, den ihnen zukommenden Ort zu erreichen. Daher ist es abwegig, einen Körper von Natur aus schwer oder leicht zu nennen, da diese Qualitäten nicht den Dingen zukommen, die in ihrer natürlichen Verfassung sind, sondern allein denen, die es nicht sind, welches bei der gesamten Sphäre niemals der Fall sein kann. Das trifft nur manchmal für die Teile zu, die gegenüber unserem Standpunkt auf keine bestimmte Richtung festgelegt sind, sondern sich immer danach richten, wo die eigene Sphäre und der Mittelpunkt ihrer Erhaltung liegen. Befände sich unterhalb der Erde ein anderer Körper, so würden die Teile der Erde von dort aus natürlich aufsteigen, und ein Feuerfunken über der konkaven Oberfläche des Mondhimmels (um dem allgemeinen Sprachgebrauch zu folgen) käme mit derselben Geschwindigkeit herab, mit der er von der konvexen Erdoberfläche aufsteigt. So sinkt das Wasser, wenn ihm Raum gegeben wird, ebenso zum Mittelpunkt der Erde hinab, wie es von dort auch wieder zur Oberfläche aufsteigt[37]. Mit derselben Leichtigkeit bewegt sich die Luft in jede Richtung. Was heißt also schwer und leicht? Sehen wir nicht, wie die Flamme manchmal nach unten und in andere

Richtungen schlägt, um einen Körper zu entzünden, wenn er ihr Nahrung und Bestand verschafft? Alles Natürliche vollzieht sich mit größter Leichtigkeit, jeder natürliche Ort, jede natürliche Bewegung sind stets höchst angemessen. Mit derselben Leichtigkeit, mit der die Dinge, die sich von Natur aus nicht bewegen, fest an ihrem Ort verharren, durchmessen die anderen, die sich von Natur aus bewegen, ihre Räume. Und wie jene nur gewaltsam und gegen ihre Natur bewegt würden, verharren diese gewaltsam und gegen ihre Natur in Ruhe.

Wenn es also der Erde von Natur aus zukäme, festzustehen, so wäre ihre Bewegung sicherlich gewaltsam, gegen die Natur und schwierig. Aber wer hat das gefunden, wer hat es bewiesen? Die gemeine Unwissenheit, mangelnder Sinn und Verstand!

SMITH Ich habe wohl verstanden, daß die Erde an ihrem Ort ebensowenig schwer ist wie die Sonne an dem ihrigen und die Glieder der Hauptkörper (etwa die Wasser) in ihren Sphären, zu denen sie sich, wären sie davon getrennt, aus allen Richtungen und Lagen hinbewegen würden. Folglich könnten wir sie von unserem Standpunkt aus ebenso schwer wie leicht oder keines von beiden nennen. So wie wir bei den Kometen und anderen feurigen Himmelserscheinungen sehen, daß einmal ihre Flammen in die uns entgegengesetzte Richtung gehen – dann heißen sie Haarsterne –, ein andermal auf uns zukommen – dann heißen sie Bartsterne – und manchmal in andere Richtungen gehen – dann heißen sie Schweifsterne. Die Luft, die alles enthält und das Firmament der Himmelskörper bildet, verschafft sich überall Eingang, Ausgang und Durchgang und breitet sich überallhin aus. Daher ist das Argument derjenigen hinfällig, die die Unbeweglichkeit der Erde aus ihrer Schwere, Dichtigkeit und Kälte herleiten wollen.

TEOFILO Gott sei es gedankt, daß Ihr in der Lage seid, mir die Mühe weiterer Erklärungen zu ersparen. Ihr habt das Prinzip begriffen, mit dem sich auch auf gewichtigere Einwände gemeiner Philosophen antworten läßt, und Ihr habt Euch damit Zugang zu vielen tiefgehenden Einsichten in die Natur verschafft.

SMITH Bevor wir zu weiteren Fragen kommen, möchte ich noch wissen, wie man behaupten kann, die Sonne sei das wahre Element des Feuers und Ursprung des Warmen, stehe aber gleichzeitig fest inmitten der wandelnden Körper, zu denen wir auch die Erde rechnen. Ich halte es für wahrscheinlich, daß sich eher dieser Körper bewegt als die anderen, die wir mit den Augen wahrnehmen können.

TEOFILO Sagt mir warum.

SMITH Die Teile der Erde bewegen sich nicht, wo immer sie von Natur aus oder durch Gewalt zurückgehalten werden. Auch die Teile des Wassers stehen still, wenn sie sich außerhalb des Meeres, der Flüsse und anderer bewegter Ansammlungen befinden. Die Teile des Feuers hingegen, wenn sie nicht frei nach oben steigen können, wie z. B. in den Ofenhöhlen, drehen und winden sich im Kreise und lassen sich nicht zur Ruhe bringen. Von den Teilen aus zu urteilen, ergibt sich, daß die Bewegung eher der Sonne und dem Feuerelement zukommt als der Erde.

TEOFILO Darauf entgegne ich erstens, daß man daraus zwar ableiten könne, daß die Sonne sich um ihren eigenen Mittelpunkt dreht, nicht aber um einen anderen. Denn es genügt, daß alle umliegenden Körper sie umkreisen, insofern sie ihrer bedürfen und insofern sie vielleicht auch jener bedarf.

Zweitens ist zu beachten, daß das Feuer Träger des ursprünglich Warmen ist und ein ebenso dichter und in seinen Teilen und Gliedern ungleichartiger Körper wie die Erde. Daher ist das, was wir so an der Sonne sich bewegen sehen, entzündete Luft, Flamme genannt, so wie die irdische Luft Dunst heißt, wenn die Kälte der Erde auf sie eingewirkt hat.

SMITH Von hier aus erscheint es mir möglich, meine Ansicht noch zu bekräftigen. Der Dunst bewegt sich nämlich nur träge und langsam, Flamme und Hauch hingegen bewegen sich äußerst schnell, und daher ist die dem Feuer verwandte Luft viel beweglicher als die mehr der Erde gleichende.

TEOFILO Das liegt daran, daß das Feuer stärker den Ort flieht, der mehr der Natur des Körpers von gegenteiliger Beschaffenheit entspricht. Befänden sich Wasser oder Dunst in der Feuerregion oder an einem ähnlichen Ort, so würden sie schneller entweichen als der Hauch, der mit diesem Ort eine gewisse Übereinstimmung und mehr natürliche Verwandtschaft zeigt als Gegensätze und Verschiedenheit. Mögt Ihr Euch damit zufriedengeben. Denn der Nolaner hat sich meines Wissens nirgends eindeutig über Bewegung oder Ruhe der Sonne ausgesprochen[38]. Die Bewegung der Flammen in den Ofenhöhlen kommt daher, daß das Feuer die dunstige Luft, von der es sich nährt, verfolgt, entzündet, verändert und verwandelt, die Luft hingegen zurückweicht und vor dem Feuer, dem Zerstörer ihres Wesens, flieht.

SMITH Ihr habt von der dunstigen Luft gesprochen. Wie verhält es sich aber mit der reinen und einfachen?

TEOFILO Diese ist nicht mehr Träger von Wärme als von Kälte, sie kann nicht mehr Feuchtigkeit, von Kälte verdichtet, aufnehmen als Dunst und Hauch, wenn das Wasser durch Wärme sich ausdehnt.

SMITH Da in der Natur nichts ohne Vorsorge und Zweckursache geschieht, möchte ich noch einmal von Euch hören (denn durch das, was Ihr gesagt habt, läßt es sich vollkommen verstehen), zu welchem Zweck die Erde sich bewegt.

TEOFILO Zweck dieser Bewegung ist die Erneuerung und Wiedergeburt des Erdkörpers, der nicht ewig in demselben Zustand verharren kann. Wie die Dinge, die der Zahl nach (um mich der gebräuchlichen Redeweise zu bedienen) nicht beständig sein können, sich der Art nach erhalten, so verewigen sich die Substanzen, die nicht immer dasselbe Aussehen bewahren können, dadurch, daß sie ständig ihr Gesicht wechseln. Denn die Materie und Substanz der Dinge ist unzerstörbar und muß in all ihren Teilen alle Formen annehmen, damit die Materie (soweit es möglich ist) alles werde, alles sei, wenn auch nicht zur gleichen Zeit und in ein und demselben Augenblick der Ewigkeit, so doch wenigstens nacheinander und wechselweise zu verschiedenen Zeiten und Augenblicken der Ewigkeit. Denn mag auch die Materie in ihrer Gesamtheit in der Lage sein, alle Formen zugleich anzunehmen, so besitzt doch nicht jeder ihrer Teile diese Fähigkeit. Da die gesamte Masse unseres Erdballs, dieses Gestirns, nicht zum Tod und zur Auflösung bestimmt ist, und die ganze Natur unmöglich vergehen kann, erneuert sie sich mit der Zeit in bestimmter Reihenfolge durch Veränderung und Wechsel ihrer Teile. Alle Teile müssen nacheinander an die Stelle aller anderen treten, andernfalls müßten sich diese vergänglichen Körper zuweilen wirklich vollständig auflösen, wie es bei uns kleineren Einzelwesen der Fall ist. Jenen aber ist (wie Plato im *Timaios* glaubt und auch wir noch glauben) vom Weltschöpfer gesagt worden: »Ihr seid auflösbar, werdet Euch aber nicht auflösen.« So gibt es also im Inneren und in der Mitte des Sternes nichts, das nicht einmal an die Oberfläche gelangte und aus ihr heausträte, und auf der Oberfläche nichts, das nicht einmal ganz ins Innere gelangen müßte. So sehen wir täglich, wie manches in den Schoß und das Innerste der Erde aufgenommen, anderes wieder ausgestoßen wird. Wir selbst und unsere Bestandteile kommen und gehen, scheiden und kehren wieder, und wir besitzen nichts, das uns nicht fremd würde, und es gibt nichts Fremdes, das nicht einmal unser sein wird. Nichts, zu dem wir gehören, wird nicht einmal in unserem Besitz sein, so wie nichts uns gehört, dem wir nicht einmal angehören werden. Gibt es nur eine Materie, so geschieht das in einer Art, gibt es zweierlei Materie, in zwei Arten; denn es besteht für mich noch keine Gewißheit, ob die Substanz und Materie, die wir geistige nennen, sich in die körperliche verwandelt und umgekehrt. So haben alle Dinge in ihrer Art nacheinander Anteil an Herrschaft und Knechtschaft, Glück und Unglück, an dem Zustand, den man Leben, und dem, den man Tod nennt, an Licht und Finsternis, Gut und Böse. Nichts kann von Natur aus ewig sein, außer der Substanz, das heißt der Materie, die nichtsdestoweniger fortwährender Veränderung unterliegt. Von der übersubstantialen Substanz will ich hier nicht sprechen, sondern ich wende mich wieder diesem großen Einzelwesen, dieser unserer ewigen Amme und Mutter zu, nach deren Ortsbewegung Ihr mich gefragt habt. Zweckursache der räumlichen Bewegung sowohl des Ganzen als auch aller Teile ist der Wechsel. Nicht allein, damit sich alles einmal an jedem Ort befinde, sondern auch, damit auf diese Weise alles einmal alle Zustände und Formen durchlaufe. Daher wird die Ortsbewegung sehr zu Recht für den Ursprung jeder anderen Veränderung und Form gehalten, und ohne sie kann es überhaupt keine Bewegung geben.

Aristoteles bemerkte zwar die Veränderung der Dispositionen und Qualitäten aller Teile der Erde, hat aber jene Ortsbewegung nicht begriffen, die aller Veränderung zugrundeliegt. Immerhin spricht er am Schluß des 1. Buches seiner *Meteorologie* wie ein Prophet und Seher. Denn wenn er auch sich selbst manchmal nicht versteht, so kommt er doch gleichsam hinkend voran und trifft, immer ein wenig von seinem eigenen Irrtum mit der göttlichen Leidenschaft vermischend, im wesentlichen das Richtige. Wir bringen nun seine Worte, die wahr und der Erwägung wert sind. Dann wollen wir die Ursachen hinzufügen, die er selbst nicht zu erkennen vermochte: »Nicht immer (heißt es bei Aristoteles) sind dieselben Gegenden der Erde feucht oder trocken, sondern sie ändern sich je nach dem Entstehen und Versiegen der Flüsse. Daher ist dort, wo Meer war und ist, nicht immer Meer gewesen und wird es nicht immer sein, und dort, wo Land sein wird und gewesen ist, ist und war nicht immer Land. Vielmehr muß man sich vorstellen, daß in gewissem Wechsel, in bestimmtem Kreislauf und nach fester Ordnung das eine an die Stelle des anderen treten wird und umgekehrt.« Und fragt Ihr Aristoteles nach dessen Ursprung und Ursache, so lautet seine Antwort: »Das Erdinnere hat wie die Körper der Pflanzen und Tiere eine Zeit der Vollendung und dann des Alterns. Aber es besteht doch ein Unterschied zwischen der Erde und den anderen Körpern. Diese haben ihr Wachstum, ihre Vollendung und ihren Verfall, das heißt ihre Blütezeit (wie Aristoteles sagt) und ihr Alter im ganzen und in allen Teilen gleichzeitig, bei der Erde hingegen geschieht das nacheinander von Teil zu Teil mit dem Wechsel von Kälte und Wärme, welcher Entstehen und Vergehen bewirkt und seinerseits wieder von der Sonne und dem Umlauf abhängt, wodurch die einzelnen Teile der Erde verschiedene Eigenschaften und Kräfte erlangen. Daher bleiben Teile der Erde eine Zeitlang mit Wasser bedeckt, dann trocknen sie aus und altern, während andere wieder aufleben und zum Teil mit Wasser überflutet werden. So sehen wir die Quellen versiegen, die Flüsse anschwellen und dann wieder kleiner werden, um schließlich ganz auszutrocknen. Wenn aber die Flüsse vergehen, dann müssen folglich auch die Seen austrocknen und die Meere sich verändern. Da diese Veränderungen auf der Erde jedoch nur nach und nach und in äußerst langen Zeiträumen geschehen, reicht unser Leben und das unserer Väter kaum aus, um etwas davon zu bemerken. Eher vergeht das Leben und die Erinnerung ganzer Völker, eher gibt es gewaltige Umbrüche und Veränderungen, hervorgerufen durch Verwüstungen, Kriege, Seuchen und Überschwemmungen, durch Veränderungen von Sprache und Schrift, Völkerwanderungen und Unfruchtbarkeit der Länder, als daß wir uns an diese Dinge von Anfang bis Ende, über so lange, verschiedene und höchst bewegte Zeiten hinweg erinnern könnten.« Diese großen Veränderungen zeigen sich recht deutlich an den Altertümern Ägyptens, an den Mündungen des Nils, die sämtlich (mit Ausnahme der Kanobischen) von Menschenhand geschaffen sind, und an den Häusern der Stadt Memphis, in der die unteren Gegenden später besiedelt wurden als die oberen. »Ebenso an Argos und Mykene: Argos war zur Zeit des Trojanischen Krieges sumpfig und dünn besiedelt, Mykene hingegen fruchtbar und daher berühmter. Heute ist es genau umgekehrt: Mykene ist völlig ausgetrocknet, Argos aber hat gemäßigtes Klima erhalten und ist sehr fruchtbar geworden. Wie es nun mit diesen kleinen Landstrichen geschehen ist, so muß man es sich auch mit den großen vorstellen und mit ganzen Ländern.« Viele Gegenden, die früher überschwemmt waren, sind heute Festland, und umgekehrt ist über viele andere das Meer hinweggegangen. Diese Veränderungen vollziehen sich wie die schon erwähnten nur allmählich, wie man an den höchsten und vom Meer sehr weit entfernten Bergen sehen kann, deren Zerklüftungen noch heute die Spuren ungestümer Wellen tragen. Aus den Berichten über den Märtyrer St. Felix von Nola geht hervor, daß seinerzeit (vor etwa 1000 Jahren) das Meer bis an die Stadtmauern reichte, wo ein Tempel steht, der heute noch den Namen *Porto* trägt, obwohl er jetzt 12 000 Schritt vom Meer entfernt liegt. Hat man dasselbe nicht in der ganzen Provence? Zeugen nicht die Steine auf den Feldern davon, daß sie einst von den Wellen bewegt wurden? Glaubt Ihr etwa, das Klima Frankreichs habe sich seit Cäsars Zeiten nur wenig geändert? Damals konnte man in Frankreich nirgends Wein anbauen, heute dagegen wachsen dort ebenso köstliche Weine wie anderswo auf der Erde. Selbst in den nördlichsten Teilen Frankreichs wird heute Wein geerntet. Noch in diesem Jahr habe ich Trauben aus den Gärten Londons gegessen, die zwar nicht so gut waren, wie die sauersten Trauben Frankreichs, aber doch, wie man mir versichert hat, besser als alle bisher in England geernteten.

Da sich das Mittelmeer nach Lybien verlagert, werden Frankreich und die Gegenden Italiens, die ich mit eigenen Augen gesehen habe, immer trockener und wärmer, und das Klima immer gemäßigter. Daraus läßt sich schließen, daß mit abnehmender Kälte im Norden sich die klimatischen Verhältnisse der Länder ändern. Fragt Ihr Aristoteles, woher das komme, so lautet seine Antwort: Von der Sonne und der Kreisbewegung. Das ist weniger unklar und dunkel, als vielmehr göttlich, erhaben und wahr gesprochen. Aber wieso denn? Hat er etwa wie ein Philosoph gesprochen? Nein, eher wie ein Seher. Oder besser, wie einer, der die Einsicht besitzt, aber nicht zu sprechen wagt, wie einer, der sieht, und nicht an das glaubt, was er sieht, und glaubt er auch daran, so doch zögert, es auszusprechen, aus Furcht, jemand könnte ihn nach dem Grund fragen, den er nicht kennt. Er spricht wie einer, der dem, der mehr wissen möchte, gleich den Mund verschließt. Vielleicht hat er diese Art zu sprechen von den alten Philosophen. Er sagt also, warm und kalt, trocken und feucht entstehe und vergehe in allen Teilen der Erde, und alles mache Erneuerung, Blüte, Alter und Verfall durch. Als Ursache dafür gibt er an: *Propter solem et circumlationem.* Warum sagt er nicht: *Propter solis circulationem?* Weil es für ihn und alle Philosophen seiner Zeit und Richtung feststand, daß die

Sonne durch ihre Bewegung diese Veränderungen nicht verursachen könne, da sie sich gemäß der Neigung der Ekliptik gegenüber dem Äquator beständig zwischen beiden Wendekreisen bewegt, und deshalb immer dieselben Teile der Erde erwärmt werden, so daß die Klimazonen dauernd unverändert bleiben. Warum sagte Aristoteles nicht, wegen des Umlaufs anderer Planeten? Weil feststand, daß alle Planeten (wenn auch mit kleinen Abweichungen) sich nur in der Breite des Tierkreises bewegen, der gewohnten Bahn der Wandelsterne. Warum sagte er nicht, wegen des Umlaufs des ersten Bewegten? Weil er keine andere als die Tagesdrehung kannte, auch wenn man zu seiner Zeit schon den Verdacht einer Retardationsbewegung, gleich der der Planeten, hegte. Warum sagte er nicht, wegen des Umlaufs des Himmels? Weil er nicht wußte, wie und auf welche Weise er sich hätte vollziehen können. Warum sagte er nicht, wegen des Umlaufs der Erde? Weil für ihn gleichsam als Grundsatz feststand, die Erde sei unbeweglich. Warum sagte er es dann überhaupt? Weil ihn die Wahrheit dazu nötigte, die sich auf natürliche Weise Gehör verschafft. Es bleiben also als Ursachen die Sonne und die Bewegung. Die Sonne, sage ich, denn sie vermittelt und strahlt als einzige die Lebenskraft aus. Die Bewegung, denn, bewegte sich entweder die Sonne nicht zu den anderen Körpern oder bewegten sich diese nicht zu ihr, wie könnte sie, was ihr fehlt, empfangen und geben, was sie besitzt? Die Bewegung ist also notwendig und darf nicht auf Teile beschränkt bleiben. So wie sie die Erneuerung gewisser Teile bewirkt, muß sie auch alle übrigen erneuern. Da sie von derselben Beschaffenheit und Natur sind, besitzen sie nämlich alle dasselbe passive Vermögen und (wenn die Natur nicht ungerecht ist) dementsprechend auch dasselbe aktive Vermögen.

Damit aber läßt sich kein Grund mehr angeben, weshalb sich die Sonne und die Gesamtheit der Sterne um den Erdball drehen sollen und nicht vielmehr die Erde gegenüber dem All, indem sie einen jährlichen Kreis um die Sonne beschreibt und ferner in gewissen regelmäßigen Abständen alle Seiten der Sonne, dem lebendigen Element des Feuers, zuwendet. Es gibt keinen Grund, weshalb die unzähligen Gestirne, lauter Welten, die unsere an Größe übertreffen, ohne bestimmten Zweck und dringenden Anlaß gerade mit dieser in so enger Beziehung stehen sollen. Es besteht kein Grund zu behaupten, der Pol bebe, die Achse der Welt schwanke, das All gerate aus den Fugen, unzählige Himmelskörper, größer und herrlicher als die Erde, drehten und wendeten sich der Natur zum Trotz, nur damit die Erde, als angeblich einziger schwerer und kalter Körper mit Mühe und Not (wie die scharfsinnigen Optiker und Geometer zeigen können) die Mitte einnehme. Es läßt sich ja gar nicht beweisen, daß der Erdkörper von den anderen leuchtenden Körpern am Firmament verschieden ist, und zwar sowohl was seine Substanz und Materie betrifft, als auch die Art seiner Lage. Denn wird der Erdball von der Luft, in der er seinen Halt hat, bewegt, so können auch jene von der sie umgebenden Luft bewegt werden. Kreisen jene um einen Mittelpunkt, indem sie von selbst wie durch ihre eigene Seele und Natur die Luft zerteilen, so kann das auch der Erdball.

SMITH Ich bitte Euch, diesen Punkt im Augenblick

vorauszusetzen. Denn, was mich betrifft, so halte ich es für absolut sicher, daß sich eher die Erde bewegt, als daß jene Tabulatur festgenagelter Lampen möglich sein sollte. Es ist auch für diejenigen, die es nicht begriffen haben, besser, wenn Ihr darüber eigens und ausführlich handelt, anstatt diesen Punkt hier nur am Rande zu erwähnen. Wenn Ihr mir einen Gefallen tun wollt, so geht doch gleich dazu über, die verschiedenen Bewegungen, die dem Erdball zukommen, genauer zu bestimmen.

TEOFILO Sehr gern; denn diese Abschweifung hätte uns zu lange von dem abgehalten, was wir noch dazu sagen wollten, daß alle Teile der Erde nacheinander alle Stellungen und Verhältnisse zur Sonne einnehmen müssen und so alle Beschaffenheiten und Zustände durchlaufen. Zu diesem Zweck muß die Bewegung der Erde so eingerichtet sein, daß in gewissem Wechsel Festland an die Stelle des Meeres tritt, daß Kälte die Wärme ablöst, daß die bewohnbaren und gemäßigten Klimazonen zu unbewohnbaren und rauhen werden und umgekehrt – kurz, daß jeder Teil der Erde einmal die Lage aller übrigen gegenüber der Sonne einnimmt, damit er an jeder Art von Leben, Entstehen und Glück teilnehme.

Um ihr eigenes Leben und das der Dinge in ihr zu erhalten und um durch den täglichen Wechsel von warm und kalt, Licht und Finsternis gleichsam ein- und auszuatmen, dreht sich die Erde erstens im Zeitraum von 24 gleichen Stunden um ihren eigenen Mittelpunkt, um ihre ganze Oberfläche soweit wie möglich der Sonne auszusetzen. Um der Wiedergeburt der Wesen willen, die auf ihrer Oberfläche leben und vergehen, umkreist die Erde zweitens mit ihrem Mittelpunkt in 365 Tagen und etwa einem Viertel den leuchtenden Sonnenkörper, wobei sie an vier Punkten der Ekliptik Geburt, Jünglingsalter, Reife und Verfall der Dinge verkündet. Zur Erneuerung der Zeitalter vollzieht sie drittens eine weitere Bewegung, durch die das Verhältnis, das die obere Halbkugel der Erde gegenüber dem All hat, der unteren zuteil werde, und diese die Stellung der oberen einnehme. Zur Veränderung ihres Antlitzes und ihrer Beschaffenheit kommt der Erde viertens notwendig eine weitere Bewegung zu, durch welche die Lage dieses Scheitelpunktes der Erde zum Nordpol mit der des anderen Scheitelpunktes zum gegenüberliegenden Südpol wechselt. Die erste Bewegung wird von einem Punkt des Äquators bis zur Rückkehr der Erde an denselben Punkt oder ungefähr denselben gemessen. Die zweite Bewegung wird von einem gedachten Punkt auf der Ekliptik (der Bahn der Erde um die Sonne) bis zur Rückkehr der Erde an denselben Punkt oder ungefähr denselben gemessen. Die dritte Bewegung mißt man an der Lage einer hemisphärischen Linie der Erde, die dem Horizont entspricht, mit ihren Unterschieden gegenüber dem All, bis zur Rückkehr derselben Linie oder einer entsprechenden in dieselbe Lage. Die vierte Bewegung wird an dem Fortschreiten eines polaren Punktes der Erde gemessen, bis er, auf einem Meridian durch den anderen Pol wandernd, wieder in dieselbe oder ungefähr dieselbe Lage zurückgekehrt ist[39]. Man darf aber nicht vergessen, daß, wenn wir auch von vier verschiedenen Bewegungen der Erde sprechen, diese doch alle eine einzige zusammengesetzte Bewegung bilden. Bedenkt, daß wir die erste dieser vier Bewegungen annehmen, weil es uns so scheint, als drehe sich an einem natürlichen

Tag alles einmal, wie es heißt, auf den Polen der Welt um die Erde. Die zweite Bewegung nehmen wir an, weil es so scheint, als durchlaufe die Sonne in einem Jahr den gesamten Tierkreis, wobei sie jeden Tag nach Ptolemäus im dritten Teil des Almagest 59′, 8″, 17‴, 13^{IV}, 12^{V} und 31^{VI} zurücklegt. Nach Alphons sind es 59′, 8″, 11‴, 37^{IV}, 19^{V}, 13^{VI} und 56^{VII}. Nach Kopernikus 59′, 8″ und 11‴. Die dritte Bewegung nehmen wir an, weil sich die achte Sphäre in der Reihenfolge der Zeichen der täglichen Bewegung entgegengesetzt auf den Polen des Tierkreises so langsam zu bewegen scheint, daß sie in 200 Jahren nicht mehr als 1° 28′ zurücklegt, so daß sie in 49 000 Jahren eine Umdrehung vollendet. Den Ursprung dieser Bewegung schreibt man einer neunten Sphäre zu. Auf die vierte Bewegung schließen wir von dem Beben, dem Vorlaufen und Zurückweichen, welches die achte Sphäre auf zwei gleichen Kreisen ausführen soll, die man in der Höhlung der neunten Sphäre annimmt, am Anfangspunkt des Widders und der Waage im Tierkreis. Denn, wie man sieht, schneidet die Ekliptik der achten Sphäre den Äquator nicht immer an denselben Punkten, sondern einmal am Anfangspunkt des Widders, ein andermal mehr zur einen oder anderen Seite der Ekliptik hin, und ferner bleiben die größten Abweichungen des Tierkreises nicht immer gleich, woraus notwendig folgt, daß die Tag- und Nachtgleichen und die Sonnenwenden beständig variieren, wie man es tatsächlich seit langer Zeit beobachtet hat. Und bedenkt: 1. Obwohl wir sagen, es seien vier Bewegungen, vereinen sich doch alle in einer zusammengesetzten. 2. Obwohl wir sie kreisförmig nennen, ist keine von ihnen wirklich kreisförmig. 3. Obwohl sich schon viele bemüht haben, das wahre

Gesetz dieser Bewegungen zu finden, haben sie es vergebens getan und werden es vergebens tun; denn keine dieser Bewegungen ist gänzlich regelmäßig und läßt sich geometrisch darstellen. Es gibt also vier Bewegungen (d. h. Ortsveränderungen der Erde), und es können weder mehr noch weniger sein. Die Unregelmäßigkeit einer Bewegung zieht notwendig die aller anderen nach sich. Die verschiedenen Bewegungen will ich nun an einer in die Luft geworfenen Kugel veranschaulichen. Diese bewegt sich 1. mit ihrem Mittelpunkt von A nach B. Während sie sich so von oben nach unten oder umgekehrt bewegt, dreht sie sich 2. um den eigenen Mittelpunkt, indem der Punkt I nach K gelangt und K nach I. 3. wendet sie sich allmählich, und mit zunehmender oder abnehmender Entfernung und Geschwindigkeit (so wie die Kugel beim Aufsteigen sich zunächst schneller bewegt, dann immer langsamer wird und beim Herabfallen umgekehrt, während sie in der Mitte ihrer Bahn mittlere Geschwindigkeit besitzt) bewegt sich diejenige Hälfte des Umfanges, die mit 5, 6, 7, 8 bezeichnet ist, in die Lage, in der sich die Hälfte 1, 2, 3, 4 befindet. Da diese Drehung nicht gerade verläuft, denn es verhält sich nicht so wie bei einem Rad, welches durch einen kreisförmigen Impetus weiterläuft und bei dem das Moment der Schwere wirkt, sondern schief, da es sich um eine Kugel handelt, die sich leicht nach allen Seiten neigen kann, drehen sich Punkt I und K nicht immer auf derselben Geraden, so daß bei langem oder kurzem, unterbrochenem oder stetigem Lauf 4. notwendig eine Bewegung entsteht, durch die Punkt O an die Stelle von V gelangt und umgekehrt. Es genügt, wenn eine dieser Bewegungen unregelmäßig ist, um die Regelmäßigkeit aller an-

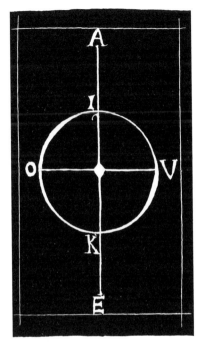

deren zu zerstören. Durch eine Unbekannte werden alle übrigen unbekannt. Doch besitzen diese Bewegungen eine gewisse Ordnung, durch die sie sich mehr oder weniger der Regelmäßigkeit annähern bzw. sich davon entfernen. Bei aller Unterschiedlichkeit der Bewegungen kommt die des Mittelpunktes der absolut regelmäßigen am nächsten. Dann folgt die Drehung um den Mittelpunkt auf dem Durchmesser, welche schneller ist. An dritter Stelle steht diejenige, die zusammen mit der Unregelmäßigkeit der zweiten (die eine Beschleunigung oder Verlangsamung bewirkt) nach und nach die gesamte Lage der Halbkugel verändert. Die letzte, höchst unregelmäßige und unsichere Bewegung ist diejenige, welche die Seiten vertauscht; denn anstatt vorwärts geht sie manchmal rückwärts und mit sehr großen Schwankungen vertauscht sie schließlich die Lage der gegenüberliegenden Punkte. So verhält es sich auch bei der Erde. Sie besitzt erstens die Bewegung ihres Mittelpunktes, die jährliche, die regelmäßigste von allen, die sich mehr als die anderen gleichbleibt. Die zweite, weniger regelmäßige, ist die tägliche; die dritte, unregelmäßige, wollen wir die hemisphärische nennen, und die vierte, höchst unregelmäßige, ist die Pol- oder Kolurbewegung.

SMITH Ich möchte gern wissen, mit Hilfe welcher Ordnung und Regel uns der Nolaner diese Bewegungen verständlich machen will.

PRUDENZIO *Ecquis erit modus, novis usque, et usque semper indigebimus theoriis?*

TEOFILO Habt keine Sorge, Prudenzio, das gute Alte bleibt unangetastet. Euch, Smith, werde ich den Dialog des Nolaners schicken, der den Titel *Fegefeuer der Hölle* trägt und darin werdet Ihr die Frucht der Erlösung finden. Ihr, Frulla, haltet unsere Reden geheim und sorgt dafür, daß sie nicht denjenigen zu Ohren kommen, die wir gescholten haben, damit sie sich nicht gegen uns erzürnen und uns weitere Gelegenheit geben, sie noch übler zu behandeln und schärfer zu tadeln. Ihr, Meister Prudenzio, schließt unseren Tetralog mit einem moralischen Epilog; denn der spekulative Teil, zu dem uns das Aschermittwochsmahl Anlaß bot, ist bereits abgeschlossen.

PRUDENZIO Ich beschwöre Dich, Nolaner, bei der Hoffnung, die Du in die höchste und unendliche Einheit setzt, die Dich belebt und die Du anbetest, bei den erhabenen Gottheiten, die Dich beschützen und die Du verehrst, bei Deinem göttlichen Geist, der Dich verteidigt und auf den Du vertraust: Halte Dich von gemeinen, niedrigen, barbarischen und unwürdigen Gesprächen fern, damit Du eines Tages nicht so zornig und widerspenstig wirst, daß Du wie ein satyrıscher Momus unter den Göttern oder wie ein misanthropischer Timon unter den Menschen dastehst. Bleibe vorerst bei dem erlauchten und großmütigen Herrn von Mauvissière (unter dessen Schutz Du begonnen hast, eine so erhabene Philosophie zu verbreiten) bis Dir vielleicht einmal ausreichende Mittel zur Verfügung stehen werden, durch welche die Gestirne und die mächtigen Götter Dich dorthin führen werden, wo Du Dich mit solchen Rohlingen nicht mehr abzugeben brauchst. Euch adlige Herren beschwöre ich, bei dem Zepter des donnernden Jupiter, bei der berühmten Höflichkeit der Priamiden, bei der Großmut des Senats und des römischen Volkes, bei dem Nektarmahl der Götter hoch über dem heißen Äthiopien: Sollte es das Schicksal noch einmal fügen, daß der Nolaner, um Euch einen Dienst zu erweisen, Euch Freude zu bereiten oder einen Gefallen zu tun, bei Euch einkehrt, richtet es so ein, daß er vor ähnlichen Begegnungen verschont bleibt. Und muß er im Dunkel der Nacht in seine Wohnung zurückkehren, so laßt ihn wenigstens von einer Fackel begleiten, wenn Ihr ihm schon nicht 50 oder 100 mitgeben wollt (die ihm, würde er auch am Mittag einherschreiten, nicht fehlen werden, wenn es ihm beschieden ist, auf römisch-katholischem Boden zu sterben). Erscheint Euch aber selbst das noch zu viel, leiht ihm wenigstens eine Laterne mit einer

Talgkerze, so daß wir genügend Anlaß haben, von der guten Aufnahme des Nolaners zu sprechen, wovon bisher noch nicht die Rede sein konnte.

Adiuro vos, Doktor Nundinio und Doktor Torquato, bei dem Mahl der Menschenfresser, bei dem Mörser des Zynikers Anaxarch, bei den Riesenschlangen Laokoons, bei der fürchterlichen Wunde des heiligen Rocco: Zieht den ungesitteten und bäuerischen Erzieher, der Euch Manieren beibringen sollte, sowie den Erzesel und Dummkopf, der Euch das Disputieren lehren sollte, zur Rechenschaft (und wäre es im tiefen Abgrund noch am Tage des Letzten Gerichtes) und laßt Euch das, was Ihr an Geld, Zeit und Geist damit verschwendet habt, zurückzahlen. *Adiuro vos,* Ihr Bootsmänner Londons, die Ihr mit Euren Rudern die Fluten der erhabenen Themse durchmeßt, bei der Ehre des Evenus und des Tiberinus, nach denen die beiden berühmten Flüsse benannt sind, und bei dem großen und berühmten Grab des Palinurus: Bringt uns für unser Geld auch in den Hafen! Und Euch, wilde Aufschneider und stolze Raufbolde des niederen Volkes, beschwöre ich, bei den Zärtlichkeiten, die die Strymonierinnen Orpheus angedeihen ließen, bei dem letzten Dienst, den die Rosse dem Diomedes und dem Bruder der Semele erwiesen, und bei dem versteinernden Schild des Kepheus: Wenn Ihr beim Anblick von Reisenden und Fremden schon nicht von Euren wilden und lähmenden Fratzen ablassen wollt, so sei Euch doch wenigstens empfohlen, von jenen Stößen Abstand zu nehmen. Schließlich beschwöre ich Euch alle zusammen, die einen beim Schild und Speer der Minerva, die anderen bei der edlen Brut des Trojanischen Pferdes, andere beim ehrwürdigen Bart Äskulaps, andere beim Dreizack Neptuns und noch andere bei den Küssen, die die Pferde dem Glaukus verabreichten: Bemüht Euch, damit wir ein andermal in besseren Dialogen von Euren Taten künden oder zumindest davon schweigen können!

Ende des Aschermittwochsmahls

ANMERKUNGEN

Die Anmerkungen beschränken sich hauptsächlich auf philosophische und wissenschaftsgeschichtliche Erläuterungen des Textes. Zum naturphilosophischen Hintergrund der Kosmologie des *Aschermittwochsmahls* vgl. F. Fellmann, Scholastik und Kosmologische Reform, Münster 1971. Für biographische Angaben, Zitatnachweise und linguistische Erklärungen vgl. den Kommentar der kritischen Ausgabe von G. Aquilecchia, *La cena de le ceneri*, Torino 1955 (Nuova raccolta di classici italiani annotati IV). Dieser Text liegt unserer Übersetzung zugrunde.

1. *Il Candelaio*, Der Leuchter, ist der Titel einer von Bruno 1582 in Paris veröffentlichten Komödie, in der Bonifacio die Rolle des lächerlichen Liebhabers spielt.
2. Mit der schon von seinen zeitgenössischen Lesern als ungewöhnlich empfundenen Mischung der Themen und ihrer Darbietungsweisen setzt sich Bruno bewußt in Gegensatz zu der Traktatliteratur der Schulphilosophie. Zur Verteidigung der Darstellungsweise der *Cena* vgl. *De la causa, principio e uno* I, in: Dialoghi italiani, edd. G. Gentile, G. Aquilecchia, Firenze 1958, p. 197 f.
3. Prudenzio, Vertreter der aristotelisch-scholastischen Philosophie, verkörpert den Typus des von Bruno verspotteten Humanisten. Lateinische Zitate, etymologische Betrachtungen und grammatische

Spitzfindigkeiten kennzeichnen seinen Stil. Vgl. die Karikatur des Humanisten in der Person des Pedanten Manfurio im *Candelaio*. Zu Brunos Humanistenfeindlichkeit vgl. ferner Dial. it. 293, 741.

4 Vgl. dagegen Galileo Galilei, der die Mathematik für die Sprache der Natur hält: *Ich glaube, das Buch der Wissenschaft ist das, was uns ständig vor Augen steht, nämlich das Universum. Aber da es mit anderen Buchstaben als denen unseres Alphabets geschrieben ist, kann es nicht von allen gelesen werden. Es ist in mathematischer Sprache verfaßt, und die Buchstaben sind Dreiecke, Kreise und andere geometrische Figuren, ohne die es dem Menschen unmöglich ist, ein Wort zu verstehen.* (Opere, Ed. naz. VI, 232) Für Bruno ist die Mathematik nur ein fruchtloses Spiel oder ein Zeitvertreib für Narren. Brunos Reserve gegenüber den mathematischen Astronomen, zu denen er neben Ptolemäus hier auch Kopernikus zählt, entspricht dem traditionellen Dualismus von Mathematiker (Astronom) und Physiker (Naturphilosoph), demzufolge nur letzterem Einsicht in die wahre Natur der Dinge zuerkannt wird.

5 Luigi Tansillo aus Venosa (1510-68), von dem Bruno auch zahlreiche Gedichte in seine Dialoge über die *Heroischen Leidenschaften* aufnimmt. Die übrigen italienischen Gedichtzitate in der *Cena* stammen zumeist von Ariost, gelegentlich von Petrarca. Dante ist nicht vertreten. Die lateinischen Verse vorwiegend aus Vergil und Seneca.

6 Der aristotelische Stufenkosmos zählte acht konzentrische Himmelssphären, davon sieben für die Planeten und eine für die Fixsterne. Später hatten die mathematischen Astronomen noch zwei weitere un-

sichtbare Sphären hinzugefügt, worüber sich schon Kopernikus, *De revolutionibus* I, 11 Ende mokiert.

7 Zur Zurückweisung der aristotelisch-scholastischen Einschätzung der Erde als Bodensatz der Welt vgl. Galilei, *Dialogo sopra i due massimi sistemi del mondo* I (Ed. naz. VII, 83 ff.), wo die Leben ermöglichende Veränderlichkeit des Elementes Erde als Vorzug gegenüber der von den Aristotelikern behaupteten Unveränderlichkeit der Himmelsmaterie gewertet wird.

8 Für die aristotelische Kosmologie war »Himmel« durch die Wesensdifferenz seiner Materie und der ihr eigenen kreisförmigen Bewegungsart gegenüber der Erde definiert. Bruno, der von der Homogeneität aller Weltkörper ausgeht, relativiert den Himmel zu einer standortbedingten Erscheinung.

9 Hiob XII, 12: *In antiquis est sapientia, et in multo tempore prudentia.* Zur Interpretation der von Bruno vorgenommenen Verkehrung des vom Vertreter der »Alten« vorgebrachten Argumentes vgl. G. Gentile, *Veritas filia temporis*, in: *Il pensiero italiano del Rinascimento*, Firenze 1940, 331-55.

10 Bruno folgt hier in etwa der von Kopernikus gegebenen Chronologie, *De revolutionibus* III, 2 (*Historia observationum comprobantium inaequalem aequinoctiorum conversionumque praecessionem*).

11 Chaldäer, Ägypter usw. sind die Vertreter der *wahren alten Philosophie*, deren Erneuerung Bruno verkündet. Unter den törichten Logikern sind in erster Linie Aristoteles und seine Anhänger zu verstehen, mit denen für Bruno die Nacht der unterdrückten menschlichen Vernunft beginnt.

12 *Physik* VIII, 253 a, 32.

13 Vergil, *Aeneis* VI, 413-14. Die nächtliche Wanderung des Nolaners durch London ist als Fahrt in die Unterwelt stilisiert.

14 Verse aus Ariost, *Orlando furioso* VIII, 76; XXVII, 117.

15 Merlin Cocai, Pseudonym, unter dem der italienische Dichter Teofilo Folengo (1491-1544) sein satirisch-komisches Hauptwerk, *Baldus*, veröffentlicht hat.

16 Direkter Hinweis auf den in der Vorrede angekündigten allegorischen Sinn der Schilderung des zweiten Dialogs. Die nächtliche Wanderung steht für die geistige Auseinandersetzung Brunos mit der Tradition der aristotelisch-scholastischen Schulphilosophie.

17 Von hier ab differiert der Text des zweiten Dialogs in der definitiven Fassung, der unsere Übersetzung folgt, von dem bei Lagarde und Gentile zu findenden Text. Die von G. Aquilecchia besorgte Neuauflage der *Dialoghi italiani* gibt unseren Text unter dem Siegel A in den Anmerkungen. Vgl. den Hinweis auf p. XVII des Vorwortes zu den *Dialoghi italiani*.

18 Manfurio, Pedant, Hauptperson im *Candelaio*. Vgl. Akt V, Szene 25.

19 Der Autor der anonymen Vorrede zum Hauptwerk des Kopernikus ist der Theologe Andreas Osiander aus Nürnberg, der die Drucklegung der *Revolutiones* überwachte. Schon wenige Monate nach Erscheinen des Werkes bezeichnet der engste Freund des Kopernikus, der Kulmer Bischof Tiedemann Giese in einem Brief an Joachim Rhetikus vom 26. Juli 1543 die

Vorrede als Untreue und Ruchlosigkeit gegenüber dem verstorbenen Autor. Petrus Ramus hält die Vorrede für ein Werk des Rhetikus, wie aus einem Brief vom Jahre 1563 hervorgeht. Erst 1609 nennt Kepler in seiner *Astronomia nova de motibus stellae Marti* Osiander als Autor.

20 Lat. *aux* bedeutet nicht Perigäum, sondern bezeichnet den vom Zentrum am weitesten entfernten Punkt einer exzentrischen oder epizyklischen Planetenbahn. Vgl. Johannes Buridan, *Quaestiones de caelo et mundo* I, q. 5: *planeta in auge eccentrici vel epicycli distat magis a terra, et in opposito augis est propinquior terrae.* Über das Verständnis dieses Fachterminus als Prüfstein für die Kompetenz in astronomischen Fragen vgl. Ende des 4. Dialoges.

21 Ad sanctissimum dominum Paulum III Pontificem Maximum Nicolai Copernici praefatio in libros revolutionum: *Von hier also den Anlaß nehmend, fing auch ich an, über die Beweglichkeit der Erde nachzudenken. Und obgleich die Ansicht widersinnig schien, so tat ich es doch, weil ich wußte, daß schon anderen vor mir die Freiheit vergönnt gewesen war, beliebige Kreisbewegungen zur Erklärung der Erscheinungen der Gestirne anzunehmen. Ich war der Meinung, daß es auch mir wohl erlaubt wäre zu versuchen, ob unter Voraussetzung irgendeiner Bewegung der Erde zuverlässigere Deutungen für die Kreisbewegung der Weltkörper gefunden werden könnten als bisher.* Dieser Satz, mit dem Kopernikus an die Tradition der hypothetischen Astronomie anknüpft, mußte für Bruno, der in Kopernikus hier den beweisenden Physiker im Gegensatz zum bloß berechnenden Astronomen herausstellen möchte, hin-

sichtlich des kosmologischen Wahrheitsanspruches störend wirken. Allerdings verkennt Bruno, daß sich bei Kopernikus hinter der traditionellen Sprache eine Neuerung verbirgt. Denn Kopernikus stellt den Wahrheitsanspruch seines Systems, obwohl bzw. gerade weil er als Mathematiker spricht. Diese Durchbrechung des traditionellen Dualismus von Mathematiker und Physiker vollzieht Bruno nicht mit.

22 Hiketas, Philolaos aus Kroton, Herakleides Ponticos und Ekphantos werden von Kopernikus selbst als antike Vorläufer der Erdbewegungstheorie angeführt: *De revolutionibus,* Praefatio u. I, 5. Während Philolaos, ein Schüler des Pythagoras, der Erde zusammen mit den übrigen Himmelskörpern eine Kreisbewegung um das Zentralfeuer im Mittelpunkt der Welt zuschreibt, vertreten die übrigen die Lehre von der täglichen Rotationsbewegung des Erdkörpers. Vgl. Grant McColley, *The Theory of the Diurnal Rotation of the Earth*, in: Isis XXVI, 1936, 392-402. Zu Plato vgl. *Timäus* 40, b-c; zum Cusaner: *De docta ignorantia* II, 12.

23 In der Tat variiert neben der Leuchtkraft auch der sichtbare Durchmesser der Venus, nur ist die Größenveränderung mit bloßem Auge nicht erkennbar. Erst Galilei konnte sie mit Hilfe des Fernrohres nachweisen, vgl. Opere VI, 232 f. Es ist charakteristisch für Brunos erkenntnistheoretische Grundhaltung, daß er den Fehler in den Gesetzen der mathematischen Optik sucht, die von Osiander korrekt angewandt werden. Brunos Gegenthese sowie die folgenden Beispiele seiner *wahren Optik und Geometrie* dürfen nicht nur als skurrile Beispiele seines Unverstan-

des gewertet werden, sondern auch als sprechende Zeugnisse einer antimathematischen Einstellung, die sich großzügig über die geometrischen Grundlagen der Optik hinwegzusetzen vermag.

24 Den Bezeichnungen M, A, N im Text entsprechen in der Abbildung die Buchstaben A, B, I. Ähnliche Unstimmigkeiten treten auch bei den folgenden Abbildungen auf. Bruno pflegte die gleiche Abbildung in verschiedenen Texten zu verwenden.

25 *De docta ignorantia II, 12: Befände sich jemand auf der Sonne, würde ihm ihre Helligkeit nicht so erscheinen wie uns. Betrachtet man nämlich den Sonnenkörper, dann sieht man, daß er zur Mitte hin so etwas wie Erde enthält und daß die feurige Helligkeit außen herum liegt und dazwischen eine Art Wasserdampf und durchsichtige Luft. Er besitzt also dieselbe Schichtung der Elemente wie die Erde. Stünde nun jemand außerhalb der irdischen Feuerregion, so würde ihm die Erde im Umfang der Feuerregion als leuchtender Stern erscheinen, so wie uns, die wir außerhalb der Feuerregion der Sonne sind, diese so überaus leuchtend erscheint.* Im Unterschied zu Bruno führt Cusaner die Leuchtkraft der aus der Entfernung betrachteten Weltkörper auf den sie umschließenden Feuermantel zurück, der dem sich innerhalb dieses Mantels befindenden Beobachter unsichtbar bleibt.

26 Gemäß dem Grundsatz der aristotelischen Physik, daß jede Bewegung einen ruhenden Körper zur Voraussetzung habe: *De motu animalium* II, 698 b, 10. Vgl. Averroes, Kommentar zu *De caelo* II: *omne quod movetur, movetur supra quiesciens*. Die Gültigkeit dieses Axioms wurde allerdings schon von der spätscholastischen Naturphilosophie in Frage gestellt.

27 Kopernikus bezeichnet den Himmel als unermeßlich *(immensum)* im Vergleich zur Erde: De rev. I, 6. Die Frage, ob die Welt unendlich ist, will Kopernikus jedoch den Naturphilosophen überlassen: *Sive igitur finitus sit mundus sive infinitus, disputationi physiologorum dimittamus* ... (De rev. I, 8).

28 Bruno steht hier im Gegensatz zu dem sog. Plato-Axiom der traditionellen Astronomie, demzufolge am Himmel lediglich gleichförmige und kreisförmige Bewegungen zulässig sind. Damit nimmt Bruno aber noch nicht die elliptische Astronomie Keplers vorweg, da Bruno die Gestirnbahnen für prinzipiell nicht berechenbar hält. Seine Ablehnung aller streng mathematischen Bewegungsformen in der Natur folgt ebenso wie die Lehre von der Unendlichkeit des Alls und der Vielheit der Welten aus seiner metaphysischen Grundannahme, der unendliche Schöpfer könne bei der Entstehung der Welt nicht an wenige fest vorgegebene Formen gebunden gewesen sein. Die Ungenauigkeit der natürlichen Formen und Bahnen ist für Bruno Korrelat der unerschöpflichen göttlichen Allmacht.

29 Im aristotelischen Stufenkosmos bewegen sich die Gestirne nicht selbst, sondern sind fest in die als materiell aufgefaßten Himmelssphären eingefügt. Die Bewegung der Sphären erfolgt von außen durch immaterielle Kräfte (Intelligenzen, »Engel«). Noch Kopernikus scheint an konkreten Himmelssphären festzuhalten. Durch die Vorstellung von den Himmelskörpern als beseelten Organismen kann Bruno das Bewegungsprinzip in die Körper selbst verlegen. Vgl. Beginn des fünften Dialogs.

30 *De caelo* II, 296 b, 18. Das im folgenden von Bruno angeführte Schiffsbeispiel entstammt dem *De-caelo*-Kommentar von Averroes. Für diesen allerdings bleibt noch der vom fahrenden Schiff hochgeworfene Gegenstand hinter dem Schiff zurück. Die gegenteilige Feststellung, nämlich daß ein Bleigewicht auf einem fahrenden Schiff ohne Abweichung senkrecht herunterfällt, teilt 1576 Thomas Digges in seiner erweiterten Übersetzung einiger Passagen des ersten Buches von *De revolutionibus* mit (The Huntington Library Bulletin 1934, 92 f.). Sehr ausführlich mit diesem Problem hat sich dann Galilei im zweiten Tag seines *Dialogo* beschäftigt. Zur Interpretation des Schiffsbeispiels und seiner grundsätzlichen Bedeutung für die physikalische Problematik der kopernikanischen Theorie vgl. A. Koyré, *Galilée et la loi d'inertie*, in: Etudes galiléennes, Paris 1966.

31 Die eingeprägte Kraft *(virtù impressa)* darf nicht mit der Trägheit der klassischen Physik verwechselt werden. Es handelt sich um die scholastische Impetus-Theorie. Vgl. H. Blumenberg, Die kopernikanische Wende, Frankfurt/M. 1965, edition suhrkamp 138, 22 ff. Bemerkenswert bleibt, daß Bruno den Impetus nur zur Erklärung der Translationsbewegung der Teile in Anspruch nimmt, während er für ihre Rückkehrbewegung sowie die Bewegung der Gesamtheit des Erdkörpers an einer zielgerichtet wirkenden Ursache festhält.

32 Bruno folgt mit der Unterscheidung von drei Erdbewegungen Kopernikus, welcher in *De revolutionibus* I, 11 neben der Tages- und Jahresdrehung des Erdkörpers noch eine Bewegung der Neigung *(mo-*

tus declinationis) annimmt, durch welche die Richtung der Erdachse dauernd korrigiert werden soll. Für Kopernikus erklärt die Deklinationsbewegung zweierlei: 1) die Parallelität der Erdachse und damit den Wechsel der Jahreszeiten, 2) die Präzession der Äquinoktien, die im geozentrischen System einer langsamen rückläufigen Bewegung des Fixsternhimmels zugeschrieben wurde. Bruno weicht von Kopernikus darin ab, daß er den Jahreszeitenwechsel allein auf die Bewegung der Erde um die Sonne zurückführt und der dritten Bewegung langfristige Veränderungen der Erdoberfläche zuschreibt. Zur weiteren Ausführung der komplexen Erdbewegungstheorie bei Bruno vgl. Ende des 5. Dialogs.

33 Vgl. *De la causa, principio e uno* I, Dialoghi italiani, p. 209. Neues biographisches Material über Brunos Besuch in Oxford bei F. A. Yates, *Giordano Bruno and the Hermetic Tradition*, London 1964.

34 *De revolutionibus* I, 10: *Quartum in ordine annua revolutio locum obtinet, in quo terram cum orbe lunari tamquam epicyclio contineri diximus.* Torquato hat also vollkommen recht, denn Kopernikus spricht von der jährlichen Kreisbahn der Erde mit der Mondbahn als Epizykel. Dennoch handelt es sich bei Bruno nicht um einen beliebigen Irrtum. Bruno unterliegt hier einem Sehzwang, der durch sein metaphysisches Axiom der Abweichung aller Gestirnbahnen von der strengen Kreisförmigkeit bedingt ist.

35 Hier erfährt der Wahrheitswert des kopernikanischen Systems durch Bruno seine einschränkendste Beurteilung, indem es zur bloßen Rechenhypothese herabgesetzt wird.

36 Aristoteles begründet die Ruhelage des Erdkörpers damit, daß die natürliche Bewegung des Elementes Erde nach unten, d. h. zum Mittelpunkt der Welt gerichtet ist. Was sich von Natur aus zur Mitte bewegt, gilt ihm als schwer. Die von Natur aus kreisförmig bewegten Himmelskörper hingegen sind weder schwer noch leicht (*De caelo* 269 b, 18-270 a, 12). Für Bruno ist die Schwere eines Elementes nicht mehr durch sein Streben zu einem absolut festgesetzten Ort bestimmt, sondern durch das Streben der vom Ganzen getrennten Teile eines Elementes, zu ihrer Hauptmasse zurückzukehren.

37 Gegen die aristotelische Theorie der einfachen natürlichen Bewegung. Die Relativierung des natürlichen Ortes der vier irdischen Elemente ist schon von der spätscholastischen Naturphilosophie vorgenommen worden. Vgl. Nicole Oresmes Gedankenexperimente mit dem Himmelsrohr, *Du ciel et du monde* I, 4: *Wir stellen uns vor, ein Rohr aus Kupfer oder anderem Material sei so lang, daß es vom Mittelpunkt der Erde bis zum Rand der Elementenregion, d. h. bis zum Himmel reiche. Wäre dieses Rohr voller Feuer mit Ausnahme von ein wenig Luft ganz am oberen Ende, so würde die Luft bis zum Mittelpunkt der Erde herabsinken, denn immer sinkt das Leichtere unter das weniger Leichte. Wäre aber das Rohr voller Wasser und allein dieses bißchen Luft befände sich beim Mittelpunkt der Erde, so würde die Luft bis zum Himmel steigen, denn immer steigt Luft naturgemäß in Wasser. Daran wird deutlich, daß die Luft am Radius der Elementensphäre naturgemäß herabsinken und aufsteigen kann. Diese beiden Bewegungen sind einfach und entgegengesetzt, und folglich kann ein einfacher Kör-*

per zwei einfache und entgegengesetzte Bewegungen ausführen.

38 Später behauptet Bruno die Rotationsbewegung der Sonne um ihre eigene Achse: *De immenso* I, 5: *omnia astra circuire, etiam fixa inter quae sol est unus.*

39 Bei der vierten Erdbewegung Brunos handelt es sich um die aus zwei Bewegungen zusammengesetzte sog. Libration der Erdachse, die Kopernikus in *De revolutionibus* III, 3 beschreibt, um die von den damaligen Astronomen fälschlicherweise angenommene Unregelmäßigkeit in der Präzession der Äquinoktien und Solstitien sowie vermeintlich unregelmäßige Veränderungen in der Schiefe der Ekliptik zu erklären. Die vorkopernikanische Astronomie schrieb diese (Schein-)Phänomene einer Trepidation der Fixsternsphäre zu, wie Bruno selbst im folgenden völlig korrekt in der astronomischen Terminologie seiner Zeit referiert. Freilich weicht Bruno in der Einschätzung des Ausmaßes und der Wirkung der 3. und 4. Erdbewegung stark von Kopernikus ab, indem er offenbar an eine totale Stellungsverkehrung der Erdachse glaubt und davon große klimatische und geologische Veränderungen abhängen läßt.

Romane, Erzählungen, Prosa

Apuleius. Der goldene Esel
Mit Illustrationen von Max Klinger zu »Amor und Psyche«. Aus dem Lateinischen von August Rode. Mit einem Nachwort von Wilhelm Haupt. it 146.

Honoré de Balzac. Die Frau von dreißig Jahren
Deutsch von W. Blochwitz. it 460
– Beamte, Schulden, Elegantes Leben
Eine Auswahl aus den journalistischen Arbeiten. Mit einem Nachwort herausgegeben von Wolfgang Drost und Karl Riha. Mit zeitgenössischen Karikaturen. it 346
– Das Mädchen mit den Goldaugen
Aus dem Französischen von Ernst Hardt. Vorwort Hugo von Hofmannsthal. Illustrationen Marcus Behmer. it 60

Joseph Bédier. Der Roman von Tristan und Isolde
Deutsch von Rudolf G. Binding. Mit Holzschnitten von 1484. it 387

Harriet Beecher-Stowe. Onkel Toms Hütte
In der Bearbeitung einer alten Übersetzung herausgegeben und mit einem Nachwort versehen von Wieland Herzfelde. Mit 27 Holzschnitten von George Cruikshank aus der englischen Ausgabe von 1852. it 272

Ambrose Bierce. Aus dem Wörterbuch des Teufels
Auswahl, Übersetzung und Nachwort von Dieter E. Zimmer. it 440
– Mein Lieblingsmord
Erzählungen. Aus dem Amerikanischen von G. Günther. it 39

Die Blümlein des heiligen Franziskus von Assisi
Aus dem Italienischen nach der Ausgabe der Tipografia Metastasio, Assisi 1901, von Rduolf G. Binding. Mit Initialen von Carl Weidemeyer. it 48

Giovanni di Boccaccio. Das Dekameron
Hundert Novellen. Ungekürzte Ausgabe. Aus dem Italienischen von Albert Wesselski und mit einer Einleitung versehen von André Jolles. Mit venezianischen Holzschnitten. Zwei Bände. it 7/8

Hermann Bote. Ein kurzweiliges Buch von Till Eulenspiegel aus dem Lande Braunschweig. Wie er sein Leben vollbracht hat. Sechsundneunzig seiner Geschichten.
Herausgegeben, in die Sprache unserer Zeit übertragen und mit Anmerkungen versehen von Siegfried H. Sichtermann. Mit zeitgenössischen Illustrationen. it 336

Romane, Erzählungen, Prosa

Emily Brontë. Die Sturmhöhe
Aus dem Englischen von Grete Rambach. it 141

Gottfried August Bürger. Wunderbare Reisen zu Wasser und zu Lande. Feldzüge und lustige Abenteuer des Freiherrn von Münchhausen. Mit Holzschnitten von Gustave Doré. it 207

Hans Carossa. Eine Kindheit und Verwandlungen einer Jugend
it 295/296

Lewis Carroll. Geschichten mit Knoten
Herausgegeben und übersetzt von W. E. Richartz. Mit Illustrationen von Arthur B. Frost. it 302

Miguel de Cervantes Saavedra. Der scharfsinnige Ritter Don Quixote von der Mancha
Mit einem Essay von Iwan Turgenjew und einem Nachwort von André Jolles. Mit Illustrationen von Gustave Doré. 3 Bände. it 109

Adelbert von Chamisso. Peter Schlemihls wundersame Geschichte
Nachwort von Thomas Mann. Illustriert von Emil Preetorius. it 27

James Fenimore Cooper. Die Lederstrumpferzählungen
In der Bearbeitung der Übersetzung von E. Kolb durch Rudolf Drescher. Mit Illustrationen von D. E. Darley. Vollständige Ausgabe.
it 179 Der Wildtöter · it 180 Der letzte Mohikaner · it 181 Der Pfadfinder · it 182 Die Ansiedler · it 183 Die Prärie

Alphonse Daudet. Briefe aus meiner Mühle
Aus dem Französischen von Alice Seiffert. Mit Illustrationen. it 446
– Tartarin von Tarascon. Die wunderbaren Abenteuer des Tartarin von Tarascon.
Mit Zeichnungen von Emil Preetorius. it 84

Honoré Daumier. Robert-Macaire – Der unsterbliche Betrüger
Drei Physiologien. Aus dem Französischen von Mario Spiro. Herausgegeben und mit einem Nachwort versehen von Karl Riha.
it 249

Romane, Erzählungen, Prosa

Daniel Defoe. Robinson Crusoe
Mit Illustrationen von Ludwig Richter. it 41

Charles Dickens. Lebensgeschichte und gesammelte Erfahrungen
David Copperfields des Jüngeren. Zwei Bände.
Mit Illustrationen von Phiz. Nach der ersten Buchausgabe des
Romans London 1850. it 468
– Oliver Twist
Aus dem Englischen von Reinhard Kilbel. Mit einem Nachwort von
Rudolf Marx und 24 Illustrationen von George Cruikshank. Vollständige Ausgabe. it 242
– Weihnachtserzählungen
Mit Illustrationen. it 358

Denis Diderot. Die Nonne
Mit einem Nachwort von Robert Mauzi. Der Text dieser Ausgabe
beruht auf der ersten deutschen Übersetzung von 1797. it 31

Annette von Droste-Hülshoff. Die Judenbuche. Ein Sittengemälde
aus dem gebirgigen Westfalen. Mit Illustrationen von Max Unold.
it 399

Alexandre Dumas. Der Graf von Monte Christo
Bearbeitung einer alten Übersetzung von Meinhard Hasenbein. Mit
Illustrationen von Pavel Brom und Dagmar Bromova. Zwei Bände.
it 266

Joseph Freiherr von Eichendorff. Aus dem Leben eines
Taugenichts
Mit Illustrationen von Adolf Schrödter und einem Nachwort von
Ansgar Hillach. it 202

Eisherz und Edeljaspis
Aus dem Chinesischen von Franz Kuhn. Mit Holzschnitten einer alten
chinesischen Ausgabe. Mit einem Nachwort und Anmerkungen von
Franz Kuhn. it 123

Paul Ernst. Der Mann mit dem tötenden Blick und andere frühe
Erzählungen.
Herausgegeben von Wolfgang Promies. it 434